Takagi Masakazu
高木 雅致

新版 飲食店店長！繁盛はあなたが決め手です

ダントツ一番店への10の繁盛法則と90日作戦！

同文舘出版

まえがき

結局は「人」の問題である。

いくら、店長に言ってもやってくれない、と思っている飲食店の経営者は少なくないはずだ。

しかし、やりたいことをやらせてくれない、具体的な成功のコツを指示してくれないと不満に思う店長や店長志望者もやはり多いはずだ。

結局は「人」の問題というのは、決して他人のことではなく、本書を手にしているあなた自身のことを指しているのだ。

あなたが注意して具体的なコツを実践すれば、店は活力が生まれて活性化されていく。

あなたのまわりで働くパートやアルバイトといった仲間がイキイキと働き、やりがいを感じるようにもなる。

そんな〝活力のある繁盛店〟を、あなたはつくり上げることができるはずだ。

本書は、90日間であなたの店を繁盛店にすることを目的として書き上げたものだが、さらに現場で実践する店長のために、より具体的に、より実践的に活用できるようにと今回、新版として出版することにした。

前作は、実践的なコツとして、〝七つの繁盛法則〟を事例とともに紹介させていただいた。今回の新版では、〝10の繁盛法則〟として、繁盛店づくりに必要な具体的コツを三つ増やしている。

それによって、急速に変化するマーケットや競合、そして、より成熟するお客様に対応した繁盛店づくりを可能にしている。

事実、私のコンサルティングで行なう〝繁盛のコツ〟も、この3〜4年で大きく変化してきている。

たしかに、25年におよぶ飲食店のコンサルティング経験は3000店を越えている。

それを通したさまざまな体験や成功事例は、現在の私の基盤となっている。

しかし、それらの繁盛のコツも、お客様のヘビーユーザー化によるマーケットの変化によって、現在でも通用するものは、そう多くはない。

現在、日々のコンサルティング現場で活用している〝繁盛のコツ〟を、今回の改訂というチャンスに活かすことができたことを感謝している。

この本の目的は、あなたの店が、〝お客様と一緒に働く仲間たちをワクワクさせる〟ことができるようにすることにある。

・お客様をワクワクさせる……商品やサービスによって、お客様の本能を刺激し、〝ワクワク〟とした気持ちになっていただく。そして、大きな満足が得られるようにしていく。
・仲間をワクワクさせる……お客様がワクワクするような提案や実行を通して、自分たちも楽しさを感じる。自分の目標、店の目標を達成することでやりがいを感じ、ワクワクとするような働きがいを感じる。

このような〝ワクワク〟とした繁盛店を90日間で作り上げる〝繁盛プログラム〟も提案している。

この90日間による〝繁盛プログラム〟は、自分自身の実際のコンサルティングを体系化し、誰でもそれを実行できるようにしてきた。

結局は「人」の問題である。

そして、その人とはあなた自身のことである。

あなた自身が〝当事者意識〟を持って店を活性化し、繁盛店づくりの原動力としていっていただきたい。

私が大切にしてる言葉のひとつである。

「失敗する罪よりも、行動しない罪のほうが大きい」――P・F・ドラッカー

この言葉を、本書を手にしたあなたに贈りたい。

最後に、繁盛飲食店づくりのコンサルティングにはげむ骨太経営グループの4社（シズル、日本アシストプラン、木下フードクリエイト、そして私のタカギフードコンサルティング）の仲間たちに感謝する。

2008年5月

高木雅致

新版　飲食店店長！　繁盛はあなたが決め手です＊＊＊＊＊もくじ

第4法則 「売れ筋」に集中せよ
――商品集客力の繁盛法則

第5法則 「注文」を復唱するな、おいしいとほめろ
――お客様満足サービスの繁盛法則

第6法則 「命令」はするな！ 一緒に考えよう
――リーダーの繁盛法則

第7法則 「利益」は計画で生まれる
――利益管理の繁盛法則

3章 ダントツ一番店への90日作戦

第1ステップ 90日作戦を成功させるための10の事前準備

第2ステップ　90日作戦を必ず成功させる進め方

装丁◆齋　藤　稔
本文イラスト◆鈴木　真紀夫
組版◆モッカン都市

1章

店長！　あなたが決め手です

1 朝、目覚めれば不振店。激変する飲食業界

▼これからは〝朝、目覚めれば不振店〟の時代

飲食業界は、大変な時代の真っ只中にある。これまで、経験したことがないような激変の時代と言える。それは、フランチャイズ型飲食店の極端な増加が原因と言っても過言ではない。

フランチャイズブームに乗って、急速な拡大に成功することができた焼肉店『牛角』などは、そのいい事例かもしれない。『牛角』は、わずか3〜4年で700店を超え、全国どこでも目にすることができるほどのビッグチェーンに成長した。

ファストフードの御三家の一つと言われる『ミスタードーナツ』チェーンは、1980年代を中心に店舗拡大したが、700店を超えるのに30年弱の時間がかかっている。極端な言い方かもしれないが、80年代に比べると10倍の速度で動いていると思える。しかも、まるでフランチャイズがバブルブームのように、われ先にと他の業界から飲食業のフランチャイズに新規参入するケースが、極端なぐらい増え続けている。

これまで競合のなかった店でも、ある日気づいたら2〜3店舗の競合店が周りに建っていたということも、珍しい現象とは言えない時代だ。あなたの店が、ある日突然、不振店に追い込まれるかもしれないのだ。

▼お客様の欲求も10倍の速さで高まる

このような新店の出店ラッシュは、お客様の欲求を一気に高めてしまう。お客様の心理から考えても、新しい店に興味が移るのは当たり前だ。

新しい店のほうが、集客のためにさまざま差別化に取り組んでいると考えてもおかしくない。店の内装をはじめ、商品の盛り付けや品質のお値打ちさに工夫が感じられるのだ。サービスも演出タップリかもしれない。

これからも出店ラッシュは続く。そんな新店を利用体験することで、お客様の欲求はどんどん高まる。10倍の速さの出店が進む現在、10倍の速さでお客様の欲求が成熟してもおかしくはない。

店長！　あなたの店はお客様の欲求についていくことのできない店になっていないだろうか。

Coffee & Restaurant
offee
&
Restauran
ffee & Restau
estaurant
Coffee & Restau
Coffee
&
Restauran
店長

2 町で出会った〝びっくり店長〟

▼スターバックスがスラックスを買った?

7〜8年前のことになる。韓国で飲食店を経営するある会社の方々と私たちの合わせて6人で、新宿方面の飲食店を視察していた。何店かの飲食店を視察した後、中間のまとめをするために、少し休憩しようということになった。

ちょうど近くにあった『スターバックスコーヒー』で、コーヒーを飲みながらミーティングが始まった。そのとき、メンバーの1人にコーヒーがかかってしまった。コーヒーの入っていたプラスチック容器に裂け目ができ、そこからコーヒーがこぼれたためだ。

あわてて従業員に紙タオルを求めると、従業員みずからその紙タオルでスラックスのコーヒーを拭いてくれるといった対応をした。

親切な対応に感心していると、女性の店長がやってきて、「お客様、少しお時間をいただけますか」と声をかけてきた。代用のスラックスを買ってくると言うのだ。そのプラスチック容器は、少し強く持つと裂け目ができる可能性がある（当時）と説明し、だから、スラックスの代金は支払うと言う。かえって恐縮しながらも、メンバーの1人は店長と一緒にスラックスを買いに出た。

▼手紙にさらに驚かされる

その後2週間ほどしてから、汚れたスラックスはきれいにクリーニングされて送られてきたそうだ。そして、一緒に手紙が入っており、その中には、時間がかかりすぎたお詫びがまずあり、「1度クリーニングに出してみたところ、少しシミのような跡が薄くあったので、再度、クリーニングに出したために遅くなったが、今度はきれいに仕上がっていると思う。それでも、もし仕上がりが悪いようだったら、着払いで返送してほしい」という趣旨が書いてあったという。

私は、あらためてその対応力に感心したが、違った意味での恐怖心も感じた。世の中には、これだけの対応ができる店長がいる。しかも28歳という若い店長だ。世の中は大きく動いている。びっくりするような素晴らしい店長が、たくさん登場し始めているのだ。

「取り扱い注意」としてスラックスが送られてきた。
この丁寧さには驚かされた

3 時流をつかもう、時流に乗ろう

札幌に『芝』というハンバーグ屋がある。すすきのという繁華街にあるものの、ビルの3階にある。しかもエレベーターは、1階にあるケーキ屋の店内から出ている。繁華街にあっても決してよい立地とは言えないのだ。

しかし、そんな立地のハンディなどものともせず、思い切った営業内容の変更で、売上を2倍近く伸ばした。

なぜ、そんなに売上が伸びたのか。

▼ナタの努力とカミソリの努力

いくらカミソリで大木を削っても、大木は倒れない。しかし、ナタのような大きな道具を使えば、それは可能になる。

毎日の営業の中では、丁寧で正確さを要するカミソリで削るような努力も必要だ。だが、思い切って、「営業内容を根本から見直す」ようなナタの努力のほうが、早く売上アップできる場合もある。私は、そんなナタの努力の一つが、時流に乗ることだと思っている。カミソリの努力では答えの出ない場合も多いのだ。

▼時流に乗れば、一番になれる!

ハンバーグの『芝』は、より時流に乗った営業内容になるための挑戦を考えた。時流の本流は、「できたて(感)」だ。すでに、芝のハンバーグは、できたての演出のためにジュージューと音を立てるような提供方法を実施していた。

しかし、さらにできたて感を強調するために、お客様の目の前で実演することにした。

・お客様の目の前でハンバーグをカットする
・そして、さらに鉄板で焼き上げる
・その上に熱いソースをかける
・すべてのハンバーグについているサラダも、お客様の横でドレッシングやトッピングと混ぜるなど、目の前でつくり上げる

という変更だ。ハンバーグも合挽きから、牛100%に変更した。それまでより従業員数も増やさなければならないような思い切った変更だったが、結果は大成功。

店長! あなたの店は時流に合った店なのか、よく考えてみてほしい。

小さな『芝』という看板があるだけで、入口がどこかわからない。それでも繁盛している

熱い鉄板にソースをかけ、“ジュージュー”という音のたつ提供を実施している

4 〝育てる〟リーダーになろう

大分に『寿司めいじん』という回転寿司のチェーンがある。現在、24店舗の急成長チェーンで、活きのいい企業だ。ある日、そこの社長の木須さんから、新しい店長のことで相談を受けた。

私は社長の話を聞いてびっくりした。19歳の社員を店長にしたいがどう思うか、という内容だったからだ。前年、高校を卒業して、まだ1年の経験しかない。在学中に2年間アルバイトで働いているものの、それでも店長になるには経験が少なすぎると思った。

▼リーダーの仕事は〝育てる〟こと

私は否定的な意見を口にしそうになったが、思いとどまった。よく考えてみると、彼は性格が明るく、人と接しているとき、いつもニコニコしている。周りの人から好かれる性格だ。アドバイスも素直に聞き入れる。結局、社長の意見に賛同した。

その後、彼の店の成績がすこぶるよい。1年経過してみると、売上の伸び、生産性、利益率など、チェーンの中でもトップクラスだ。店長のがんばりにも感心したが、木須社長のリーダーとしての素晴らしさにも感心させられた。

やる気のある社員にチャンスを与え、その上で、仕事を任せるだけでなく、必要なときにアドバイスをして、サポートしている。リーダーの仕事は部下を〝育てる〟ことだとつくづく思い知らされた。

▼〝育てる〟ことに、もっと目を向けよう

「アルバイトにこんなことをさせてみたら」と提案すると、多くの店長は「うちの店のアルバイトではムリですよ」と返してくる。しかし、よく考えてほしい。チャンス（新しい仕事）を与えてあげなければ、〝育つ〟ことはない。新しい仕事を任せた後も、アドバイスが常に必要だし、折を見てはほめたり叱ったりなど、部下を動機づけしないと〝育つ〟人は少ない。

チャンスを与えてサポートすることは、部下の成長だけでなく、店長自身をも成長させる。

店長！　これまで以上に〝育てる〟ことに目を向けよう。

19歳の店長が力を発揮している『寿司めいじん』

5 経営者が求めるもの

日頃のコンサルティング活動を通して、経営者ほど孤独で不安なものはない、とよく思う。そんな経営者に対して〝安心感〟を与えることが、店長の最も大切な仕事だ。そのポイントは、次の三つに整理できる。

▼報連相（報告・連絡・相談）しているか

経営者が求めるほどには、現場から情報は上がってこない。そのために、あまり現場を把握できていないと感じている経営者が多い。店長も、経営者から質問されて、あわてて報告するといったことが多いはずだ。

そんな状況が続くようでは、店の主導権を経営者に握られた感じでおもしろくない。店長自身が店の主導権を握って営業をするためには、経営者から促されるその前に、まず自分のほうから報・連・相をするというクセをつけることがどうしても必要だ。

▼素直にアドバイスに耳をかたむけているか

ある上場企業の店長教育の仕事をしていたとき、経営者が話した、その冒頭部分が強く印象に残った。「子犬のように、人の懐の中に飛び込んでくる人が伸びる。子犬とは、素直さのことだ。店長には、アドバイスに耳をかたむけられる素直さを身につけてほしい。店長の素直さは、会社が成長する大きな決め手になる」。

自分と違う意見をアドバイスされたとき、真っ向から否定してしまうことはないだろうか。アドバイスされたことに挑戦してみようという素直さを持った店長が伸びるという現実を、私は何度も体験した。

▼仲間に目標を示しているか

商品をつくり、それをお客様に提供する。それは、第一線で働く現場の人たちにしかできない。お客様との接点は、そうした人にしかできないのだ。経営者にはできない。また、店長ですら1人ではできないのだ。

だからこそ経営者は、そのパートナーとも呼ぶべき第一線の人たちの大切さを痛いほど感じている。店長には、そのパートナーたちに対して仕事のやりがいをつくってほしいと。そのための基本は、店のパートナーたちに店の目標を公開して、店の進むべき方向を示すことだ。目標がなければ、チームは強くならないからだ。

すなお
連
報
相
目標

6 お客様がすべて

香川の多度津町は、人口1・8万人の小さな町だ。そんな小さな町にもかかわらず、居酒屋の『浜海道』は80坪の店で年間2億円を売り上げる繁盛店だ。

なぜ、繁盛しているのか。その一つの要因はお客様に対する思いがある。創業のとき、お客様を大切にする営業を心がけたいと強く思っていたようだ

▼お客様の声を営業に活かす

そのために、「お叱りハガキ」という方法で、お客様の本当の声を集めた。各テーブルの上にその葉書を設置し、お客様に意見を書いていただく。そして、その声を営業の改善に活かした。お客様の意見に対してどう取り組んだかは、手紙でお客様に報告している。

また、お客様に対する基本方針を明確にすることで、お客様の大切さを忘れないようにしている。その基本方針を「お客様思考宣言」として、お客様の目につくように、メニューブックに掲載した。自分たちの営業姿勢をお客様に判断していただくためだ。

▼わがままを言ってください

その後、順調に2店目を出店した。しかし、3年を経過したとき、「道路交通法」の改正が実施された。飲酒運転の罰則規定が厳しくなったのだ。

社会的に考えて、飲酒運転の規制は必要な取組みだ。しかし、郊外型の居酒屋が大きな打撃を受けたのも事実だ。『浜海道』も同じだ。売上が20％もダウンしたのだ。そのため、主力の海鮮メニューをすべて産直品に替え、寿司の品揃えを大幅に強化した。

売上は、順調に回復し始めたが、店の創業時の店長で、現在、営業部長の神原さんは、売上ダウンを契機に、もう一度、「お客様を大切する営業」という原点に返る必要を感じたようだ。

そこでメニューブックに、「わがままを言ってください」というコーナーを設けた。お叱りハガキや日頃の営業でのお客様の不満の代表的なものをピックアップし、それに応えるように努力するので、ぜひ申し付けてくださいという内容のものだ。

お客様がすべてだ。お客様しかいない。

いつもご利用いただきまして
ありがとうございます。
お客様により満足いただけるよう努力しておりますが、
まだまだいたらない点があるかと思います。
お手数ではございますが「味・接客態度・清掃」などについて
ご意見・ご感想をお聞かせください。

【ご利用された目的】（　　　　　　　　　　）

●ご記入欄　○ご来店日　　年　　月　　日
○召し上がって
いただいた料理

ご協力ありがとうございました。
今後とも、ご愛顧の程よろしくお願い申し上げます。
〒220-0061 横浜市西区北幸２－１－１２
炭火やきとり 伝兵衛
TEL045-290-3434

郵便はがき
料金受取人払
横浜中央局
承認
4129
差出有効期間
平成〇年6月
30日まで有効
（切手不要）

220
横浜市西区
白樺フー
「お客様の声」係行

●ご芳名	男 女	●年齢 歳
●ご住所		

『浜海道』だけではなく、多くの店がお客様の声を経営に活かしている

7 「伸びる店」と「消える店」

▼消える店

7年ほど前の話だ。懐しい人から電話をいただいた。大阪で割烹店を経営する社長だ。自分の店の成績がすこぶる悪いらしい。しかも、もうその調子が2～3年も続いているという内容だった。

私は、正直にお答えした。「たしかに景気は悪い。しかし、それは世間の平均的な話にすぎない。私のお付き合い先には、素晴らしい業績の店がいくつもある」と。

その割烹店は、高齢のお客様が多い。店の営業年数とともに、年々、お客様の平均年齢が高くなっているのが現状で、新規のお客様は非常に少ないこともわかった。

そこで、「時流に乗って、好業績を上げている経営者を紹介するので、その店や商品を見ながら、話をしてほしい。きっと、参考になるヒントがつかめるはずだ」とお伝えしたが、否定的な答えしか返ってこなかった。

それから、2年ほど過ぎた頃、その店の近くを通ったのだが、その店は姿を消していた。

▼伸びる店

神戸を中心にチェーン展開をする『とりどーる』という焼鳥居酒屋がある。もともとこの店は、若い女性を主力客にした店で、大変な繁盛をしていた。しかし、売上が大きく落ち始めていた。

同社の粟田社長は、店の将来を考え、流行に左右されやすい若い女性客から、郊外マーケットの主力である家族層にメインターゲットを変更しようと考えた。メニュー構成はすべて見直し、店舗も実演を取り入れるといった内容に変更した。しかも、資金の余裕がないから、できるところはすべて従業員の手で実施するといった計画だった。かけたお金は、すべてで約300万円。びっくりするほどの低投資で実現できた。

社長の決断は正しかった。売上は150％も伸びたのだ。その成功を活かしてつくった新店も大成功。7店だった店も現在、上場企業となり、急成長している。

伸びる店と消える店がある。伸びる店は、お客様のニーズや時流の変化をつかみ、自ら〝変化〟できる。

あなたの店は、〝変化〟しているだろうか。

思い切ってメインターゲットを変更し、低投資で生まれ変わることに成功した『とりどーる』

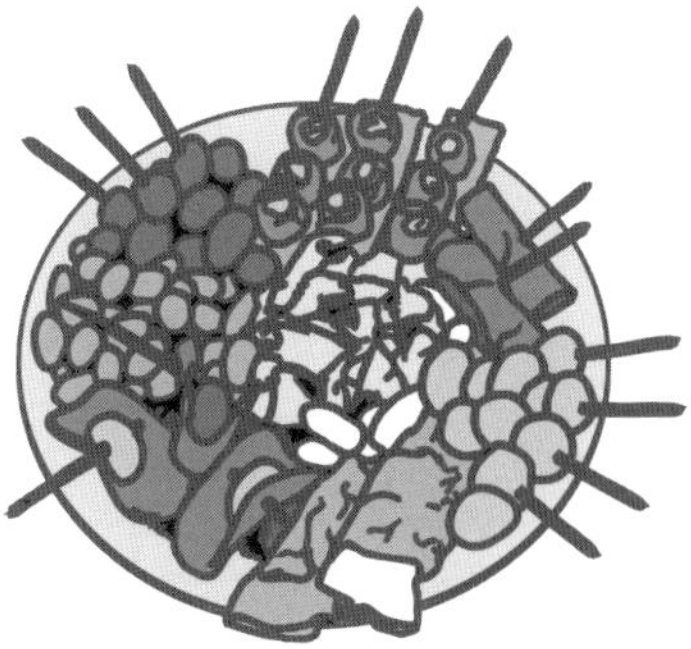

8 走り回るだけでは売上という〝答え〟は出ない

「私も努力しています。しかし、なかなか売上が上がりません。どうすればよいのでしょうか」――経営相談に来られる方から、いつもされる質問だ。

私は、その方に質問を重ねながら、その店に合った内容でアドバイスをする。

2～3ヶ月後、電話でその後の様子を聞いてみると、十中八九、同じ答えが返ってくる。「やってみようとは思うのですが、なかなか時間がなくて。もう少し落ち着いて、仕事の整理をしてから、実行しようと思っています」。

▼時間がない？

つい私は思ってしまう。「今やらなければ、いったいいつやるのだろう。いつならできるのだろうか」。

売上を上げたいとは、誰もが思っている。それは、あなたの競合店も同じだ。しかし、日々の仕事に追われているために、売上アップの仕事に着手できないでいると考えている人が多いのも事実だ

しかし、本当に「時間がない」のが理由なのだろうか。

私は違うと思う。本当の理由は「売上アップの動機づけ」が弱いからだ。たとえば、近くに競合店が開店した。そのために売上が極端に落ち始め、赤字になりそうだ。そんな危機が起こらない限り、安定というぬるま湯につかってしまう。いわゆる〝ゆでガエル〟現象だ。

▼今がチャンスだ

ぬるま湯につかっているカエルは、湯がどんどん熱くなってもそのままだ。そして、やがて死んでしまう。しかし、煮たった湯の中にカエルを放り込むと、熱さにびっくりして、飛び出てしまう。

今のあなたの店は、〝ぬるま湯〟になっていないだろうか。「忙しくて、新しいことに取り組む時間が取れない」と思っているとしたら、あなたの店はぬるま湯だ。行動を起こすチャンスは、いつまで経ってもやって来はしない。

店でいくら走り回ってみても、売上という〝答え〟は出ないのだ。目の前のお客様にしっかり目を向ければ、厳しい現状が見えてくる。今がチャンスなのだ。

なかなか時間がとれなくてね
ゆでてんちょう

9 ダントツ一番になる

▼お客様の求めている原点に返る

札幌に『薔薇園』という喫茶店があった。3年ほど前だが、近くにスターバックスコーヒーが出店することになった。そのままの店ではスターバックスにかなわないと、薔薇園の芝崎社長は判断した。私は毎年2回、アメリカレストラン視察ツアーを実施しているが、芝崎社長はそのツアーに参加された。アメリカの繁盛店から、スターバックス対策のヒントを探すためである。

1週間の視察を終え、帰りの空港で、「店のリニューアルをします。スターバックスへの対策よりも、もっと大切なことに気づきました。今の薔薇園にはお客様の求めているものがない。お客様の求めている原点に返って、商品、サービス、店を見直さなければお客様の支持は得られない。それがよくわかりました」と話された。

お客様の立場で現在の店を見ると、魅力など感じないと言われた。お客様に魅力を感じてもらうためには、時流に適応した内容に生まれ変わらなければ、『薔薇園』に明日はないと強い決断をされたのだ。

その後、急ピッチで店のリニューアルは進められた。

▼ダントツ一番店をめざして時流に適合しよう

一番店になるためには、時流に適合すればよい。

時流の一つは、「できたて（感）」だ。『薔薇園』はコーヒーやパフェといった、一般的な品揃えだったメニューを刷新し、できたて感に特化したメニューへとリニューアルした。新鮮なフルーツをボリュームいっぱいに盛り付けたフルーツケーキと生フルーツを使用した新鮮なジュースが主力だ。できたて（感）をさらに印象づけるために、ケーキの仕上げは店内で実演した。

創業以来、30年間親しんだ店名も変えることになった。主力商品が、お客様によりわかりやすく伝わるようにするためだ。店名は、『薔薇園』から『フルーツケーキファクトリー』に変えた。

芝崎社長の決断は正しかったようだ。500万～600万円だった月商が、4倍を超える2500万円にはね上がった。お客様の求める原点に忠実になれば、ダントツ一番になれるのだ。

『フルーツケーキファクトリー』は店内で実演し、「できたて感」を演出する

10 結局は店長！　あなたが決め手です

▼先人の智恵も素直に聞くことができなくては

ある会社の居酒屋部門の店長会議をしていた。その中で、ドリンク提供が遅く、お客様からクレームが出るという話になった。多くの居酒屋では、ドリンクの担当者を決めていて、運ぶ人まで担当制の店がある。生ビールなどを早く提供するためだ。しかし、現実には担当制ではなく、注文を聞いた人自身がドリンクをつくって運ぶといった単純なやり方のほうがはるかに早い。

私は、この方法を説明した。しかし、2人の店長は、今までの方法が効率がよいと主張を続けた。詳しく再度説明し、平日に3～4日、実験的にやってみて判断しようということで納得し、そのスケジュールを決めた。

翌月の店長会議のとき、その結果を聞いてみた。残念なことに、2人の店長は実施していなかった。結局、話は振り出しに戻り、社長と私で再度、説得した。今度はやってみるという。そして、次の会議の日、A店長は新しい方法が上手くいったようで、現在もその方法で実施していると報告した。しかしB店長は、やはりやっていないという。さらに、4ヶ月ほどが経過して、B店長から社長に電話があった。自分の店でも実施してみたところ本当に上手くいき、クレームがなくなったと。

▼店長の考えでしか店は動かない

私は、つくづく思った。自分の納得できないことは、なかなか実施できないものだと。人のアドバイスに素直になれないことも多い。店長がその気にならない限り、いくら素晴らしい提案であっても、実施されることはない。店長の考えでしか店は動かない。結局、店長で店は決まってしまう。

その後、B店長は副店長になり、新しい店長がその店に来た。新しい店長は、素直に人のアドバイスに耳をかたむけ、それをすぐに実行するといった、素晴らしい習慣が身についていた。それから、3ヶ月が過ぎた頃から売上が伸び始め、4ヶ月目には120%を超えるほどの伸びを示し始めた。

店長！　あなたで店は決まる。売上低下の原因は、あなたの考え方なのかもしれない。

提案
説得
アドバイス
主張
助言
説明
納得できねえな
coffee & foods
RESTAURANT

2章

ダントツ一番店 10の繁盛法則

第1法則

「本能」を刺激すれば売上は伸びる
——集客力の繁盛法則

1 商品で「本能」を刺激しよう

アメリカの繁盛飲食店を見学し、繁盛のコツを学ぶための視察ツアーを年2回実施している。

6月はニューヨークを中心とした東海岸、11月はロサンゼルスなどの西海岸だ。

昨年の11月の西海岸視察では、〝ヒューストンズ〟という繁盛レストランチェーンを視察の核店舗として、4業態の店を視察した。どの店も、驚くほどの繁盛店だった。

▼本能を刺激されるとワクワクする

ヒューストンズは、商品提供方法や素材品質など、商品力の高い店である。サービスも気配りが行き届いていて素晴らしい。また、店づくりにも感心させられる。

どの店も、入口すぐの所にキッチンを配置している。キッチンの横を通ると、炉の上でステーキなどが焼かれているのが見える。

それを見ているだけで〝本能が刺激〟されて、ワクワクとした気分となり、商品にもおいしそうな印象を持ってしまう。

この演出が、この店の集客に一役買っていることは言うまでもない。

▼本能を刺激するシズル原則

できたて感を強烈に印象づける方法は〝シズル〟と呼ばれている。

シズルには、次のような四つの原則がある。

①**音の原則**……ソースを鉄板皿の上にかけると立ち上がる「ジュージュー感＝音」のある商品

②**量の原則**……皿からはみ出るすほどの「ボリューム感」のある商品

③**色彩の原則**……たとえばデザートで、一皿に5～7種ぐらい盛り付けられ、鮮やかな色が目に焼きつくほどの「カラフル感」に富んだ商品

④**温度の原則**……見た目にも冷たさが伝わるほど霜のついたビールグラスや、息を吹きかけないと飲めないほど熱い味噌汁など、「徹底的に熱い、冷たい」商品

これらの商品演出がシズルだ。売れ筋商品にシズル演出を付加するだけで、集客力の強い店へと変身する。

氷の上に食材を陳列すれば、シズルの温度の法則が活用できる

一皿にさまざまな、しかもカラフルな商品をいっぱい盛り付けることで“色彩の原則”を活用できる

2 第一印象は強烈に残せ

スープを音をたてずに飲むのは飲食のマナーの基本だ。しかし、これを別の視点から考えると、その料理は音をたてずに飲めるほどの温度でしかないとも言える。

逆に、日本をはじめとする東洋の料理は、熱いものが多い。日本では、ご飯、みそ汁といった日常の食事にも、〝熱い温度〟のあるものをおいしいと評価する。

▼最後まで続く〝第一印象〟

特に、最初のひと口目は強く印象に残るようだ。

最後のひと口は、たとえぬるく感じたみそ汁でも、最初に〝熱い〟と感じると、最後まで〝おいしいみそ汁〟となるようだ。

私は、船井総合研究所という経営コンサルティング会社の出身だが、おもしろいことがあった。

その船井総研の前身の会社名は、日本マーケティングセンター。当時、流通業で有名なコンサルティング会社は、日本リテイリングセンターだったため、創業者の船井幸雄は、その会社と並ぶような企業イメージを与えるように、とよく似た社名にしたという。

その後、会社は順調に成長し、上場を目前としたとき、野村総合研究所という一流企業のイメージを与えるため、船井総合研究所という社名に変更した。

▼〝第一印象〟の強烈さが繁盛をつくる

現在、東証一部に上場していることを考えると、このような社名戦略も一理あると思える。

私も、〝第一印象の強烈さが繁盛をつくる〟というルール化を、売上活性化策の基本として使っている。

第一印象の演出としては、次のようなものがある。

- **店頭**……大きな目立つ看板や店頭照明の明るさ
- **入店**……従業員の活気あるお出迎えや調理実演、素材の陳列などによるにぎわい感
- **サービス**……満面の笑みとお客様へのアイコンタクトによるなごやかさ
- **商品**…メイン商品や最初に提供される商品のボリュームや温度などのシズリング提供

これら、四つのポイントで強烈に特化された第一印象こそ、繁盛への大きな役割をはたしてくれるのだ。

店頭に焼き台を設置することで強烈な印象をつくり、集客力をあげている

店頭の商品写真も店内集客を高める工夫だ

3 入口に〝シズル〟をつくれ

鹿児島に、素敵庵というハンバーグ・ステーキの店がある。私がその店で食事をしたときは、11時の開店にもかかわらず、11時30分には、もうすでに行列ができているほどの繁盛店である。

▼強烈な〝シズル〟をつくれ

店内に入るとすぐにカウンター席があり、その中で調理をしている。私は、この店ほど〝強烈なシズル〟演出を見たことがない。

フライパンでハンバーグやステーキを焼くのだが、その途中で、フライパンにアルコールをかけてフランベする。フランベとは、強い酒を注いで火をつける調理方法だ。しかし、この店のフランベの炎はただものではない。調理している人の背丈よりも、はるか上にまで炎を立ち上げているのだ。

本当に強烈な印象を与えられた。私だけではなく、まわりのお客様の視線は、それにくぎづけになっていた。

25年ほど以前から営業を続けて、いまだに超繁盛店であるのは、この〝強烈なシズル〟の要因がかなり大きいと思われる。

▼入口からワクワクさせよう

お客様に、おいしさ感の印象を強く与える。そうすると本能が刺激されて、エキサイティングなワクワク感が湧き起こる。第一印象で特化するためには〝入口の周辺〟がポイントである。

札幌駅の近くにある商業ビル、エスタの中にフルーツケーキファクトリーというケーキ店がある。

売場に入る入口の所で、チーズケーキの製造を実演している。通路を挟んでその隣では、フルーツタルトの実演製造を行なっている。

店ができて、6年以上たつにもかかわらず、売上は順調に伸び続けている。

坪当りの売上も、出店テナントの中ではトップクラスである。しかも最近では、北海道の有名老舗店である六花亭エスタ店の売上も上回ったという。

入口での〝シズル演出〟の大切をつくづくと実感させられた。

札幌のハンバーグ店“北斗星”では店内入ってすぐの所で火の演出をした調理をしている

4 お客様の目の前で調理しよう

横浜に、チーズカフェというイタリアン居酒屋がある。午後5時から23時までの営業で、売場面積は1、2階合わせて35坪ほどの小さな飲食店だ。

立地も、路地のような狭い道に面しており、しかも店の正面はラブホテルで、お世辞にも立地はよいとは言えない。

▼実演調理が高い集客力を生む

店内に入ると、すぐにメインキッチンが目に飛び込んでくる。フライパンでスパゲッティを炒める所や、まな板の上で野菜を包丁で切っている姿などが見られる。

入口の左側では、ピザをのばしてピザ窯で焼いている。テーブルについても、狭い店内だから、まるで〝目の前で調理〟しているような印象を受けてしまう。

月商1100万円は下らないという高売上の要因のひとつが、この実演であることは間違いないようだ。

不利な立地であっても、この実演は強い集客力を発揮してくれるようだ。

▼実演調理に挑戦

この店の調理長である阿部さんは、さらなる実演力のアップをめざした。

キッチンでの実演感だけでなく、お客様のテーブルの前で実演調理したほうが、よりお客様の満足感が高まるのではないかと考えたからだ。

すでに、お客様のテーブルでサラダにチーズをかけるというシズリングサービス（お客様の目の前で実演するサービスを、私はこう呼んでいる）は実施していた。

そこで、テーブルの上で、生ハムをカットするというシズリングサービスに挑戦したのだ。しかも、調理長自身でそれを実演した。

自分自身が実演することで、より深い商品説明ができるし、お客様の要望なども聞くことが可能になるからだ。

このシズリングサービスを実施して、わずか3ヶ月で1400万円にまで売上が伸びた。約30％も売上アップしたことになる。

実演調理は、売上アップのために取り組んでいただきたい大切なポイントである。

“北斗星”ではお客様の目の前でハンバーグを煮込むという実演調理を実施している

5 にぎわい感をつくれ

豊橋を中心に全国に展開するイタリアンの繁盛店チェーン、キャナリィロウの鈴木社長とお話をしたことがある。その際、繁盛のコツを聞いた。いくつかの答えの中に、〝店内のにぎわい感〟とあった。

▼にぎわい感が繁盛の基本

飲食業の時流と繁盛の原則をつかむために、数多くの繁盛飲食店を、国内外を問わずに見てきた結果をルール化してきた。

そのひとつが〝にぎわい感のある店内〟だった。鈴木社長の話を聞いて、私も深く納得することができた。

にぎわい感づくりに関して最も大事なポイントは入口である。

一般的な飲食店は、店内の入口周りを比較的広くとる。会計時のお客様や、入店客などのために広くとって、客溜りをつくるためだ。

しかし私は、逆に入口周りを狭くして、にぎわい感が感じられるような要素を取り入れるようにしている。

▼〝人と人〟のにぎわいをつくろう

次が店内である。

アメリカ繁盛レストラン視察ツアーで、さまざまな業種・業態の繁盛店を見ているが、そこに共通していることは〝席間の狭さ〟である。

カジュアル店でも、高級なディナーレストランでも、その点では共通している店が多い。しかも、テーブル間を間仕切りにして、お客様同士がお互いの顔が見えないようにしている店などは、ほとんど見受けられない。

そのためか、お客様の話し声や豊かな表情、服装などから、にぎわい感がつくられているようだ。

しかも、繁盛店ほど従業員が調理やサービスをしている姿がよく見える。

店奥にパントリー（食器や料理のセッティングをする所）を設置している店などは、従業員がその中に入ることが多く、結果的には、店内には少しの従業員しかいない店も多い。このような店には〝にぎわい〟を感じない。

お客様と従業員がつくり上げる自然な〝にぎわい感〟こそ、飲食店が大切にしなければならないポイントだ。

ニューヨークの超繁盛レストランイルムリノでは入口すぐの所に食材を陳列し、店ににぎわい感をつくり上げている

6 手が届く〝ごちそう〟が集客する

あるハンバーグ・ステーキレストランチェーンではこれまで、ランチステーキを150gで提供していた。

しかし、200g以上のランチステーキを品揃えすると、約20%のお客様がボリュームのあるステーキを注文するようになった。

しかも、増量メニューを導入することでランチの売上も伸びた。

▼〝ごちそう〟を提案せよ

メニューに〝ごちそう〟を品揃えしていただきたい。

〝ごちそう〟とは、旬の素材や産地直送品、高級食材などであり、さらにボリュームも大切なごちそう要素となる。

このようなおすすめメニューは通常、グランドメニューではなく、挟み込みメニューとして単独で作成するが、これでは効果は薄い。

そうではなく、グランドメニューやランチメニューと一体としたメニューにしてほしいのだ。

そうすることによって、〝ごちそう〟メニューの季節感や品質性などのハイ・イメージが、定番メニューにも影響を与えることになるのだ。

その結果、全メニューに季節感や高品質性が感じられるようになる。

▼手が届くごちそうメニューが集客のポイント

つまり、ごちそうメニューが、お客様の来店の動機づけをすることになるのだ。

そのため、最低でも月替わりで、〝ごちそうメニュー〟を提案しなければ、来店の動機づけは弱くなり、売上減を招くこととなる。

しかも、手に届くような予算帯に品揃えしなければ、お客様の関心を引かない商品となってしまう。

そのため、全商品に対するハイ・イージや来店の動機づけ効果も弱まってしまうのである。

値づけの目安としては、売れ筋価格の1・3倍から2・2倍の価格帯に品揃えをすることで、手に届く〝ごちそう〟ということになり集客力につながる。

“かに”というごちそう食材をボリュームたっぷりに盛り付けて強烈な印象をつくり上げている

7 一番商品と主力商品に「強み」をつくれ

一番商品をつくり、それの販売数量を伸ばしていくのが、売上アップの基本である。

しかし、お客様のヘビーユーザー化（飲食店の利用経験が豊富になることで、お客様の要求が高まる）により、それだけでは、売上は活性化しなくなってきている。

▼一番商品に〝本能刺激〟をつけろ

札幌の南郷に玉藤というとんかつ屋がある。

この店は10数店を展開しているが、そのチェーンの中で、南郷店はユニークな挑戦をしている。

既存のとんかつ店では、１４０ｇの国産ロースカツ定食が一番商品になっていた。

しかし、新店の南郷店では、ロースカツ定食を１８０ｇ中心にした。15～30％のボリュームアップである。

肉厚は、２・５㎝以上になった。売価を高くしづらいため肉の品質を変えたものの、ジューシーな食感のするとんかつになり、旨みのある商品となった。

南郷店は新店だが、開店以来、15％を超える利益を生んでいる。当然、お客様の満足度も高くリピート客が多い。一番商品に〝ボリューム〟という本能を刺激する要素を加えることで、骨太な経営を実現している

▼〝本能刺激〟を強みとする

高松に繁盛店の海鮮居酒屋がある。しかし、道交法の改正や強化の影響で売上が低下した。

しかし、その店では、既存商品の見直しによるリニューアルを実施した。

一番商品の刺身は、盛り込みで30％、単品で50％増量し、お客様にインパクトを与えるようなボリュームアップを図った。それだけでなく、主力商品でもある海鮮も、テーブルの七輪で焼く商品に変えた。

サラダも、大きなパルメザンチーズをテーブルの横でけずって、その上にかけるなどの工夫もした。

週末には店内で、まぐろなどの大きな魚を解体するような企画も実施しはじめた。

一番商品だけでなく、主力商品もリニューアルして、〝本能刺激〟の要素を「強み」としてお客様に提案したのだ。これによって、売上げは順調に回復しはじめた。

ギョウザを鉄板で提供することで、"熱さ"という「強み」をつくり上げている

丼からはみ出したえび天のボリュームによって他店の差別化を図っている

2章

ダントツ一番店　10の繁盛法則

第2法則　店長は「ご用聞き」になれ
——顧客満足の繁盛法則

あなたがご用聞きになれば売上は上がる

フロアーコントロールという運営技術がある。店のピーク時などに、従業員に作業指示することによって、店を円滑に運営するのが目的だ。

▼実は、〝お客様思考〟ではなかった！

現在の仕事に従事することになったあるときのことだ。同僚と食事をするために、ある居酒屋に行った。

当時、非常に勢いのあったその居酒屋は、全国展開を開始していた。その店で追加注文をしようと思い、すぐ近くにいた店長を呼んだ。

するとその店長は、遠くにいる従業員を呼んで、「こちらのお客様の注文をお願いします」と言った。

私は、瞬間的に「違う！」と感じた。店長が近くにいるのだから、間髪を容れずに、「はい！」と返事をして、自分自身で注文を取ったほうが、お客様にとっては心地よいはずだ。それがお客様思考だ。

しかし、店長だった頃の自分も、同じことをしたのではないか、と考えさせられた。

▼ご用聞きになろう

千葉県の野田市にコメスタという繁盛イタリアンレストランがある。

経営者の渡邊社長は、以前ある企業の幹部をしていて、私が主催する〝繁盛店研究会〟に参加していた。その後、脱サラしてこのレストランを開店した。

期待に溢れたオープンも、初月８００万円のスタート。損益分岐点売上が１２００万円だったため、大変なスタートとなった。

その後も、売上には大きな変化はなかった。そこで渡邊社長はピーク時に、クイズを書いたプラカードを持って全部のテーブルをまわった。正解者には、バンダナをプレゼントしていた。それを利用して、社長はお客様との会話をしたのである。

店内すべてのテーブルをまわると、2時間はかかるという。ピーク時だから、店は猫の手も借りたい状況にもかかわらず、それを続けた。すると驚いたことに、半年後には２０００万円を超す繁盛店になっていた。

あなたがご用聞きになれば、必ず売上は上がるのだ。

繁盛チェーン『イルフォルノ』では、店長が各テーブルをまわってお客様にあいさつしていた

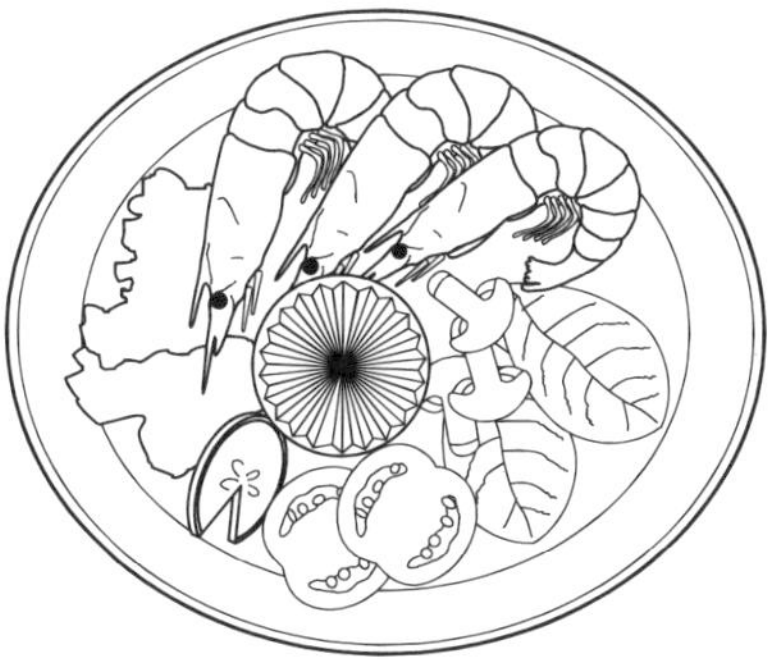

2 店長はサービスリーダー

店長の大切な仕事はマネジメントである。

店の人件費や原価などの損益管理だけでなく、従業員の教育育成もしなければならない。

そのためか、〝管理〟の意識が強くなりすぎて、売上をつくるという面が弱くなるようだ。

▼定型サービスの大切さ

サービス教育をするためには、定型のサービスが必要となる。言葉や態度などを決めることによって、教育しやすくなる。また、定型化によって、初心者でも反復練習が可能となり、サービスという仕事に慣れやすくなる。

しかし、多くの飲食店は、ここから抜け出すことができないでいる。一度教えたことを、そのままくり返していても問題が起こるわけではない。そのため、店長は自分自身の仕事を増やしたくないからだろう。

しかし、この定型サービスでは、売上をつくるというマーケティング活動にはならない。

▼サービスこそ売上をつくる

定型サービスを教えて3ヶ月経過した人は、仕事にも慣れ始め、店を辞める確率も低くなっている。

だからこそ、次のステップのサービスに挑戦していただきたい。そのポイントは三つある。

①**満面の笑み**……ただの笑顔を超えた、顔全体を使ったはじけるような笑顔

②**同調サービス**……お客様の注文を最後にまとめて復唱せず、注文ごとに「その商品は人気があります」などの言葉で、お客様の注文に〝同調〟する

③**あいさつ**……注文をとりにいくときや席への案内時に、「雨の中、ご来店ありがとうございます」といった言葉であいさつをする。

この3点ができるように、店長が見本を見せたり、お客様役をしながらロールプレイングで教育する。店長自身がサービスのリーダーとして、一人ひとりを教育することが大切だ。お客様との接点は、サービスだ。サービスこそ、売上をつくる大きなマーケティングなのである。

だからこそ、店長がサービスリーダーになって教育とサービス実践に挑戦していただきたい。

サービスリーダーが満面の笑みでテーブルで商品説明することで、お客様の満足度は高まる

3 お客様の要望が骨太経営にする

ある飲食企業での営業会議のときのことだ。メニューを変更したばかりなので、新メニューについて店長に聞いてみた。

▼お客様の要望に耳を傾けているか

店長は、今回のメニュー変更に大きな問題はないと報告したため、その理由を再度聞き返した。すると店長は、「お客様からクレームが出ていません」と言う。

私は、その発言に何か物足りなさを感じた。

店長が、お客様の要望に耳をかたむけなければ、安定的に利益を出し続ける骨太経営は実現しづらい。答えは現場にあり、現場の実行でしか解決できない。メニュー変更だけではない。

店長は、定期的に各テーブルをまわり、お客様の表情やテーブル状況に気を配ってほしい。何かを感じたときは、積極的にお客様に声をかけることが大切だ。

それを継続することで、お客様の心の中にある要望まで聞くことも可能となる。そうした要望への対応が、繁盛への第一歩なのだ。

▼お客様の声を集めよう

ぜひ、「1日1人一声」の習慣を身につけていただきたい。1日のうちで、最も印象に残ったお客様の要望や声を紙に書いて、退勤時に店長に提出する。

当然、クレームなどにすぐに対処したことも、退勤時に書いて提出すればよい。紙は、ポストイットのように、貼ったりはがしたり自由にできるものがよい。

その用紙を、①商品に関すること、②サービスに関すること、③その他（設備や店舗など）に分類して貼っておく。そのとき、すぐに実行すること、1ヶ月以内に対策を検討するというように、時間的な優先順位で整理するとわかりやすい。掲示板のようなもので整理していけば、従業員の目にもつきやすく効果的に活用できる。

お客様の要望に対応することこそ、店舗運営の基本だが、残念ながら多くの店でできていない。

これでは、環境に左右される弱い体質の店になってしまうだろう。繁盛体質の店づくりのために、ぜひこうしたことを習慣化していただきたい。

アメリカの流通業やレストランでよく見かける「お客様の意見ボード」お客様の声を営業改善に活かす役割をはたしている

4

目を見て、にっこり笑ってほめよう

横浜でやきとり居酒屋やイタリアン居酒屋、パスタ専門店などを経営する会社の社長、幹部の方と食事をした。繁盛店や新店を見つけてその見学を兼ねて、年2回ほど実施している。

六本木のミッドタウンが開店したとき、その中のある飲食店で食事をした後、ミッドタウンにある〝リッツ・カールトン〟に泊まらせていただいたことがある。

▼お客様をいい気分にさせよう

サービスがよいということで、このホテルをテーマにした本が何冊か出版されている。

たった1日、しかも1回だけの利用では、〝感動するようなサービス〟に出会いたいと思っても無理な話である。

現実に、そんなサービスにはあたらなかったが、朝食時のレストランで、「さすが」と思わせることがあった。

私を席に案内するウエイターが、その途中で、〝私の目を見て、にっこりとした笑顔〟をしながら、「お客様の靴は素敵ですね。よくお似合いですね」とほめてくれたのである。

たとえお世辞とわかっていても、私は非常にいい気分になった。レストランに入って、案内のときにそんな経験をしたのは初めてのことだった。

▼鏡の法則を活用しよう

従業員がいい表情で働いている店は、お客様の表情にも楽しそうな笑顔が溢れている。これが、本当のレストランだ。その結果、固定客が増え続けていくことになるのだ。

そんな店のサービスの秘訣は、「鏡の法則」を活用したアイコンタクトと優しい表情の、二つの実践に他ならない。

鏡で自分の顔を見ると、自分の表情がそのまま写っている。つまり、自分が投げかけたものが自分の受け取るもの、というのが鏡の原理である。

自分の投げかけたやさしい笑顔をお客様が受け取ると、お客様自身も楽しい表情へと変わる。これが、サービスの原理原則である。

お客様の目を見て、にっこり笑って相手の喜ぶことを言う
（札幌　フルーツケーキファクトリー）

5

〝お見送り〟が心を形にする

▼心を具体的な形にしよう

福岡県にある「オペラ」という洋菓子店でのことだ。シュークリームを1日に1000個売るという話を聞いたため、その繁盛ぶりを見たくて、その店にシュークリームを買いに行った。

商品を買ってお金を支払うと、従業員が店の外まで商品の入った紙袋を持ってくれるのだ。

そして紙袋を私に手渡すと、深々とおじぎをしてお見送りをしてくれた。

そのすばらしさに、感動をおぼえた。

私は、もう一度引き返して、店の近くのベンチに座って、その後も店を観察していた。

私にしてくれた紙袋の手渡しとお見送りを、すべてのお客様に行なっていた。

しかも、お客様が車に乗って駐車場から出るまで、その場を離れずに見送っているのだ。

その光景を見ながら、〝お客様を大切にする〟という心を具体的な形にする、ということを教えられた。

お客様には、〝様〟という言葉を使う。この〝様〟を心のあり方だけでなく、具体的な行動として実践することが必要なのである。

〝様〟の行動表現によって、従業員の心のあり方までが、変化するのではないだろうか。

手渡しとお見送りの実践によって、お客様に対する店の心が間違いなく伝わるはずだ。

▼型に血を流し込む

ある本で読んだことなのだが、仏を木彫りすると、そこにあるのは〝仏像〟という「型（かた）」にすぎないらしい。

しかし、その「型（かた）」に「血（ち）」を流すように心を入れることで、ただの像から「形（かたち）」に変わり、仏という本物になるというのである。

お見送りという行動は、作業性などを考えるとなかなか定着させるのが難しいだろう。

だからこそ、「型」＋「血」＝「形」という本物の心に変わり、お客様の感動を生むのではないだろうか。

お見送りが“心”を形にする
（札幌　フルーツケーキファクトリー）

6 「オールOK！」でまず考えよ！

▼何気ないひと言がクレームを生んだ

ずいぶん前の話になるが、私が飲食店で店長をしていたときのことだ。

お客様のテーブルに、カレーライスとハンバーグ定食を運んだ。すると、ハンバーグを注文したお客様が、カレーライスの皿に添えられていた福神漬けを見て、自分もそれが欲しいと言われた。

最初はお断りしたのだが、あまりにも熱心に言われるため、結局、小皿に入れてお持ちした。

そのとき私は、何気なく「お客様、特別ですので」というひと言をつけ加えた。するとお客様は、「これくらいの福神漬で、何が特別なのか」と立腹されたのだ。

たしかにそのとおりだと、私はお客様に気づかされた。最初の時点で、快くお客様の要望を受け入れていたほうがよかった。

そんな心のスタンスがあれば、「特別です」という言葉ではなく、「これくらいでよろしいですか」という言葉になったはずだ。するとお客様も、「ありがとう」という言葉を私に返してくれたに違いない。

▼〝肯定のスタンス〟で接しよう

私は、心のスタンスひとつで、言葉や態度が一変するという事実に気がついた。

お客様が満足し、笑顔になっていただくための心のスタンスは、「オールOK！」で、まずは考えることだ。

お客様の要望に対して、まず〝否定のスタンス〟で対応すると、大きなクレームになりやすい。しかし、最初に〝肯定のスタンス〟で接すると、最終的には要望に応えられなくても、お客様は満足されることもあるようだ。

それは、まず最初に〝受け入れた〟ためである。それが「オールOK！」という考え方だ。

実際に、努力しても要望に応えられなかったら、その旨をお客様に伝えればよい。

お客様はきっと、笑顔で納得してくれることだろう。

〝「オールOK！」でまず考える〟という心のスタンスがお客様の満足を生んでくれるのだ。

販売促進用のチラシの裏を使って、お客様の要望に応える取組みを報告する

7

従業員の声に耳をかたむけているか

▼反乱する従業員

お付合い先の飲食店で、ある店の主任だった人が昇格し、別の店の店長となった。

彼は店長昇格に張り切ったのか、その店での初めての全員ミーティングでその店の欠点を指摘し、改善への目標と計画を発表した。

よいと思って発表したものの、パートタイマーを含めた従業員のほとんどが、嫌な表情になったという。

彼は従業員の協力を得られないまま、孤軍奮闘でがんばった。しかし、2ヶ月目頃から、店長に反発する声が、多くの従業員から起こりはじめた。

従来のやり方に、いきなり新しい風が吹き込まれると、「寝た子を起す」という状態になる。

その後、「反乱するチーム」という状態になり、不満の声や否定的な意見、態度が次々に湧き起こってくるようになる。

新任店長はそれに耐えきることができず、社長に相談した。

▼成果が出せるチームにするために

社長から「従業員の声に耳をかたむけなさい。一人ひとりとしっかり話し合う時間をとりなさい」とアドバイスされた。そして、彼はそれを実行した。

社員やパート、アルバイト全員と個別面談を行ない、自分の意見を言う前に彼らの意見をしっかりと聞いた。

そして、2回目の面談を翌月に実施した。

すると、先月の面談で不満を言い切ったためか、建設的な前向きの意見が出はじめたという。

そして、3回目の個人面談では、先月に話し合って決めた個別の目標に対して、どんなに小さくても成長を発見し、それをほめて評価した。

目標に対してがんばるためには、小さくても成果を発見してほめ、前向きな行動の動機づけにする必要がある。

それを繰り返すことで、「やる気のあるチーム」に変化する。目標に対して成果を出すチームにするために大切なことは、〝従業員の声に耳をかたむける〟という具体的な行動なのだ。

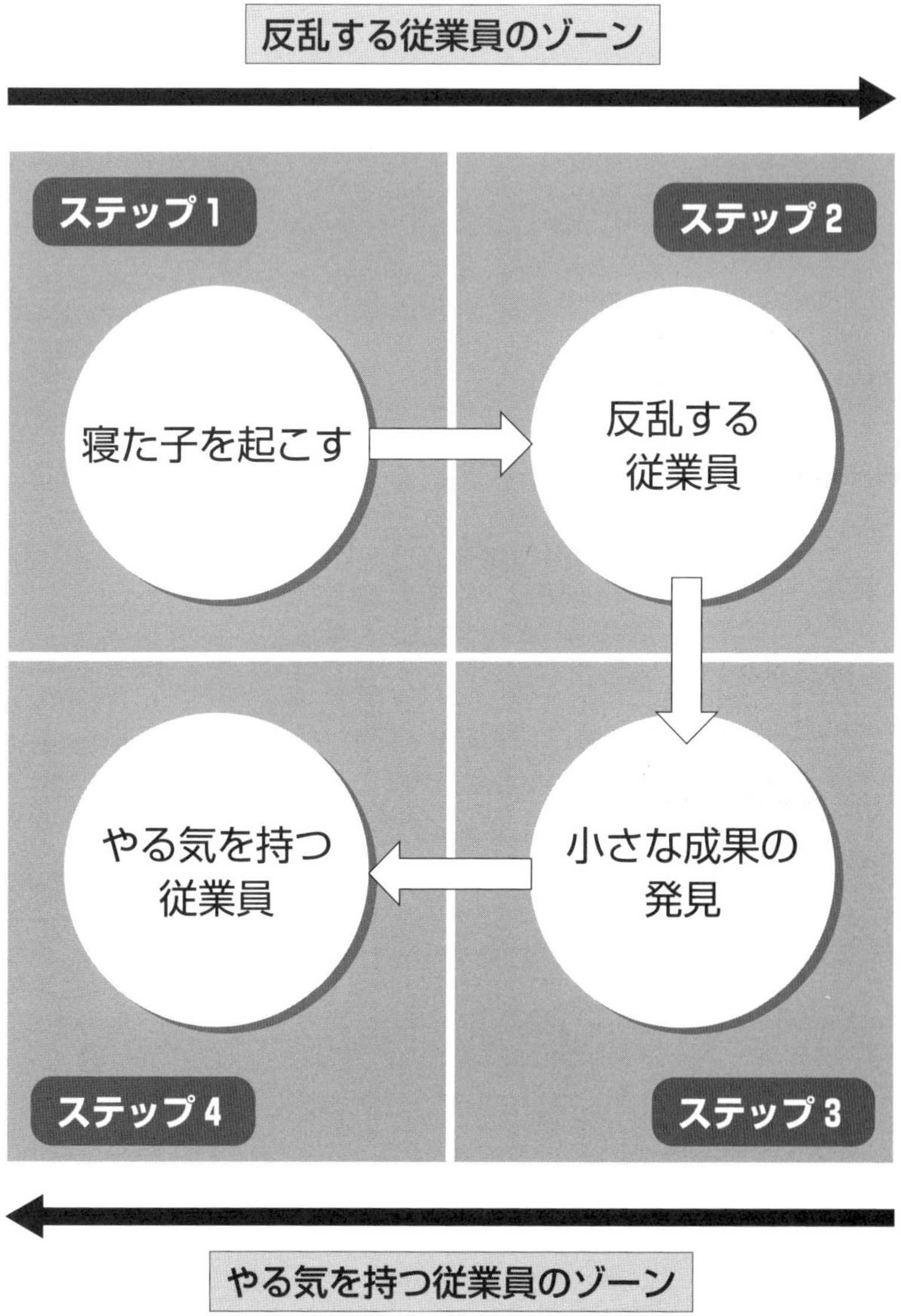
反乱する従業員のゾーン
ステップ1
寝た子を起こす
ステップ2
反乱する
従業員
ステップ3
小さな成果の
発見
ステップ4
やる気を持つ
従業員
やる気を持つ従業員のゾーン

2章

第3法則 「お客様」と呼ぶな、名前を呼べ
――固定客づくりの繁盛法則

1 「お客様」と呼ぶな、名前を呼べ

先のBホテルに三度目に宿泊したときには、チェックインをするためにフロントに立つと、「高木様、お帰りなさいませ」と、私が名乗る前に、名前で呼びかけてきた。素晴らしく感じのよい対応だった。『ブーメランの法則』という本の中に、一番よい感じのする言葉は、自分の名前である、という記述があったことを思い出した。まさしく、そのとおりの体験をした。

ということは、レジでお客様がクレジットカードを出されたときなどは、最高のチャンスだ。カードに書かれた名前を、お客様に向かって笑顔で呼びかけてほしい。そのことが、そのお客様を1回のお客様から、一生のお客様へと変えるチャンスをつくることになる。

お客様を固定化するために、スタンプカードを実施する店は多い。しかし、スタンプカードの実施が固定客をつくるわけではない。カードに書かれた、お客様の名前を呼ぶチャンスをつくるために実施するのだ。

あなたがお客様の名前を呼ぶことこそが、固定客化への決め手なのだ。

▼顔を覚えることは接客の基本中の基本

仙台に仕事で出かけたときのことだ。Aホテルでチェックアウトをして、玄関へ向かった。確認したいことを思い出したので再度、フロントに戻ったとき、従業員の一言に驚いた。「いらっしゃいませ。チェックインですか」。いかに、従業員がお客の顔を見ていないか。顔を覚えようとしていないか。こんな現場の対応では固定客などできるわけがない。

また、Bホテルは二度目の宿泊だったが、宿泊カードに書こうとすると、「お名前だけで結構です」と言う。「住所は書かなくていいんですか」と質問すると、「以前、宿泊されていますので」と私を覚えてくれていたのだ。

一方、そんなことがあって、3、4度宿泊したCホテルで、宿泊カードを記入する際、「何度か宿泊しているのですが、全部記入する必要があるのですか」とたずねると、「決まりですので、お願いします」との返事。それ以降、このホテルには宿泊してない。

▼一番よい感じを与える言葉はその人の名前

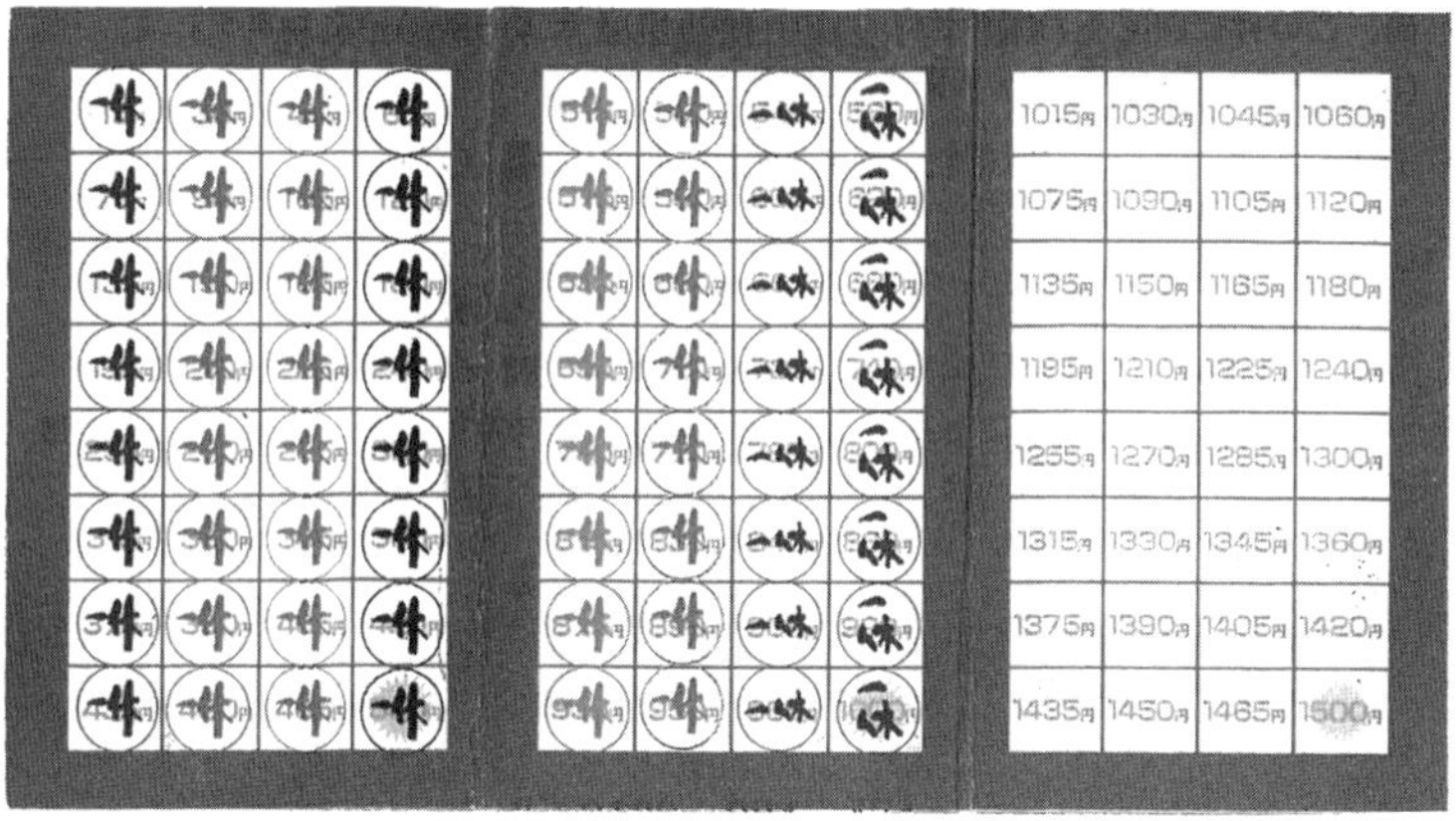

スタンプカードを活用してお客様の名前を呼ぶことで、固定客化が促進される

2

お客様との〝距離〟で親しみ感が変わる

アメリカ最大のステーキチェーン『アウトバックステーキ』は、非常にフレンドリーなサービスをお客様に与えてくれる。それが売り物の一つで、繁盛の大きな要因でもある。

でも、どうしてそんな感じが与えられるのか。一番のポイントは、従業員とお客様の距離だ。他にもポイントはあるのだが、その〝距離感〟が大きな要素だ。同店では注文を聞くとき、膝を床につけて聞く。そのため、お客様と従業員の距離が近い。

お客様はサービスしてくれる人との距離によって、親しみ感の受け止め方がずいぶん違ってくる。

▼片腕いっぱいの距離

まず、片腕をいっぱいに広げた1mぐらいの距離は〝他人の距離〟だ。親しみ感が少なく、よいサービスが〝礼儀正しい〟といった感じを与える。ファミリーレストランなどは、1mの距離を常に維持したようなサービスだ。何度、その店を利用しても、常連客のような感じがしない。そんな感じを与えやすい距離だ。

▼折り曲げた腕よりも内に入った距離

これは、ほとんど距離がないというより、体が密着した距離だ。〝恋人の距離〟である。女性や男性の接客サービスを売り物にした、いわゆるクラブなどの接客距離だ。恋人感をつくらなければ、このタイプの店では、常連客はつくれないようだ。

▼腕いっぱいから、折り曲げたぐらいの間の距離

相手から1m以内50㎝以上といった距離。これは〝友人の距離〟。親しみ感を与える距離だ。『アウトバックステーキ』の注文を聞くときの距離がこれだ。

従業員のやさしい表情や笑顔が、お客様に〝心〟として伝わりやすい。とくに、お客様の注文を聞くときには、この〝友人の距離〟を活用しながら、自分自身の視線をお客様の視線と同じくらいか、それよりも下にして聞くとなおよい。お客様への威圧感が消えるからだ。

〝友人の距離〟で、しかもお客様より視線を低くしたサービスを、私は「ダウンサービス」と呼んでいる。さて、あなたは「ダウンサービス」をしているだろうか。

お客様のすぐ隣で接客する“友人の距離”でのサービスが、親しみをつくる

3 お客様の１ｍ以内がポイント

アメリカのレストランを見ていると、遠くから従業員が大声で、「いらっしゃいませ」と言う店にお目にかかったことがない。サービスの素晴らしい店では、必ず、みずから近づいてきて挨拶する。しかも、やさしい表情の笑顔つきだ。親しみ感が伝わり、非常に気分がよい。

これは、前項でも述べた〝友人の距離〟と言われる、お客様から１ｍ以内の距離を上手く使っているからだ。

▼お客様がレジで立っているとき

お客様がレジに立っているときは、最大のチャンスだ。お客様が、食事を終えてレジに向かっていたら、あなたの出番だ。すぐに、そのお客様のところに飛んでいってほしい。そして、お客様の１ｍ圏内に入り込んで、「本日は、ありがとうございました」と、店長であるあなた自身から感謝を伝える。

〝友人の距離〟から伝えたあなたの言葉は、〝心〟として伝わるはずだ。

▼お客様がメニューを見ているとき

来店されたお客様が、席に着いてメニューを見ている。ここでも同じ。店長は、そのテーブルの１ｍ以内に近づいて、「いらっしゃいませ」と笑顔で挨拶する。その場を通る従業員は、みんなそのようにして声をかける習慣をつける。そうすることでお客様は、自分たちが大切にされているという強い印象を持ってくださる。

よく考えてほしい。お客様から遠く離れたところから、「いらっしゃいませ」や「ありがとうございます」と、いくら元気よく言葉を投げかけても、感謝という〝心〟まで伝えることはできないだろう。店長であるあなたが、お客様の隣まで足を運んで、しかも、やさしい表情で接するからこそ〝心〟が伝わるのだ。

この〝友人の距離〟の活用で、お客様の満足感がより高まる。固定客化に大きな役割をはたしてくれるにもかかわらず、チラシやＤＭなどと違ってお金は不要だ。

自分たちの行動で売上がつくれる方法だ。だからこそ、固定客は自分たちでつくり上げているという実感が持てるし、仕事のやりがいにもつながる方法だ。店の行動習慣となるように、クセづけしてほしい大切な一つだ。

お客様の1m以内という“友人の距離”が、“心”が伝わるポイント

4

目の前のお客様がすべて！ 集中しろ

仕事で、ある駅に着いた。時間があったのでコーヒーでも飲もうと、ある店に入った。レジにはお客様が１人しかおらず、注文で迷っているようだった。しかし、レジを担当していた店長の視線は、目の前のお客様に向かず、店内を見渡したりキッチンのほうを向いたりしていた。しかも、その表情は厳しく、笑顔とはほど遠かった。

▼目の前のお客様に笑顔と視線を

どうして、目の前で注文に迷っているお客様に視線を向けないのか。笑顔でアドバイスしてあげないのか。

下に視線を落としてメニューを見ているお客様には、店長の笑顔は見えないだろう。しかし、表情から醸し出す雰囲気は伝わるはずだ。少なくとも、すぐ後ろに並んでいた私には、その表情が見えた。この店長の苛立ち感が店内に満ちているようで、イヤな気分になった。結局、何も注文しないまま、その店を出た。

▼マイナスのエネルギーは伝染する

全国に展開する中華系の居酒屋で、コンサルティング先の幹部の方々と食事をすることになった。メニューを見終え、注文をしようと従業員のほうを向くと、その従業員はまったく関係のない方向を見ていた。私は、無視されているようで気分が悪くなった。

注文をすませて店内に視線を移すと、店長らしき人が他のテーブルで注文を聞いていた。驚いたことに、先ほどの従業員とまったく同じ態度。お客様に視線を向けず、他の方向ばかりに目をやっている。しかも、表情は厳しく、どう見ても接客中の表情ではない。

さらには、近くのテーブルのお客様が、何か注文しようと呼んだとき、笑顔で会話していた従業員同士の表情が、店長とまったく同じ、厳しいものに変わった。

マイナスのエネルギーは伝染することに気づいた。

あなたが、「目の前のお客様がすべて」という態度を取らなかったら、その態度はすべての従業員に伝染する。

目の前のお客様に集中する店習慣をつくっていただきたい。目の前のお客様をやさしい空気で包み込むのがサービスの基本であり、お客様を増やす基本ではないだろうか。

目の前のお客様がすべて！　あなたの態度は店内全体に伝わる

5 七大接客用語を卒業しよう

・いらっしゃいませ
・ありがとうございます
・少々、お待ちください
・申しわけございません
・はい、かしこまりました
・お待たせしました
・また、お越しください

それぞれの店によって、多少の違いはあるかもしれないが、右の7語が接客の基本用語だ。この7語があれば、すべての接客場面で間に合う。

しかし、本当にそれでいいのだろうか。

▼すでに30年経過した、画一化サービス

1970年代には、商品、サービスや店舗を画一化したレストランチェーンが、全国各地で出店ラッシュを迎えた。いわゆる、ファミリーレストランがそれだ。そこでは、サービスの均一化のために接客七大用語を多いに活用した。訓練された言葉や礼儀正しい態度でのサービスは当時のお客様に支持され、どの店にもお客様が殺到した。それぐらい満足度の高いサービスだった。

しかし、それから30年が経過し、お客様の要望はすっかり変わってしまった。それとともに、当時のファミリーレストランチェーンの多くは姿を消してしまった。

▼会話型サービスの時代を迎えている

最近、レストランのサービスは激変している。東京にあるイタリアンレストランの繁盛店『イル・ボッカローネ』で、お付き合い先の社長と食事していたときだ。隣に座ったカップル客が驚いたように、「初めて来た店なのに、従業員さんの話し方に親しみ感がある。まるで常連客みたいな気分になる」と話していた。

実は、そんな「会話型サービス」が素晴らしいと聞いていた店なので、お付き合い先の社長とそれを実際に体験しようということで来ていたのだ。隣のお客様の会話を聞きながら、時代の変化を肌で感じた。

お客様は、〝1人の大切なお客様〟としてサービスしてほしい。七大接客用語では、そんな要望には対応できない。「会話型サービス」が必要な時代を迎えている。

会話型のサービスが親しみ感をつくり上げる

アメリカの繁盛レストランチェーンでは画一型のサービスではなく、
従業員が店内でダンスするような演出型サービスも実施されている

6 〝喜びの提案〟会議

千葉県の野田市に、『コメスタ』というイタリアンレストランがある。繁盛店で有名な同店も、創業時には大変厳しい経営を強いられた。損益分岐点売上が1200万円なのに、その70%弱しか売れなかったのだ。

脱サラでの開業だから、資金的な余裕はあるはずもない。渡邊社長は必死にその打開策を考えた結果、一つの結論にたどりついた。

▼お客様の満足を引き出す〝喜びの提案〟

まず実行したのが、3、4人用のセットメニューの投入だ。いろいろなメニューを、みんなで取り分けて食べたほうが楽しいという〝喜びの提案〟が考えられ、実現することになった。

そのセットメニューは、人気商品を中心に組み立てられ、しかも、テーブルの横で実演調理するメニューも投入された。

お客様にとってお値打ちで、しかも非常に楽しいメニューとなった。それがすべての原因ではないが、6～8ヶ月後には2500万円、売上げは3倍に伸びていたのである。

▼待ちの経営から攻めの経営へ

今では週末に、マネージャーがカンツォーネを歌ったり、トランペットを吹いてお客様を楽しませている。

常連のお客様には、店長がテーブルでウエルカムドリンクとしてカクテルをつくるという。1人のお客様には、テーブルでトランプマジック。グラスワインを注文した女性客には、ワインを多めに注ぎ、「お客様に見とれてしまいました」と言うらしい。

お客様のクレームは、改善し続けなければならない。しかしそれ以上に、『コメスタ』のように、目の前のお客様に喜んでいただけるような積極的な提案も必要だ。

このような、〝喜びの提案〟をする会議を実施し、具体策をつくる。

そして、それを実行する。このサイクルが店の体質を、待ちの経営から攻めの経営へと変化させて、より強い店体質に変えていくことができる。

『コメスタ』では、お客様に喜んでいただくことをいろいろ提案している

●予約客は名前を書いてお迎えする

●誕生日はみんなで祝う

●料理はテーブルで最後の仕上げ

7 お客様思考宣言

どんな繁盛店でも、3～4年で売上は伸びなくなると考える人は多い。しかし、札幌にある回転寿司の『根室花まる』を経営する清水社長から、こんな話を聞いた。

「お客様に再来店していただければ、売上は毎年伸びるはず。しかも、1年目が仮に前年に対して5％伸びたら、2年目は前年比10％、3年目は15％、4年目は20％というように、前年比アップ率も伸びなければ、お客様は満足して再来店しているとは言えない」。

事実、開店時は現在の繁盛ぶりとはかけ離れていたらしい。再来店するお客様を確実に増やす努力で、今の繁盛店を築き上げたのだ。

▼〝ウソ〟を一つひとつなくす

話は続く。「再来店化のためにはウソをなくすこと。お客様により満足していただくために、いつもその努力をしています」。〝ウソ〟というのはたとえば、冷凍より生のほうがおいしいものがあったとする。しかし、仕入れや仕込み、管理など、店の都合で冷凍品しか使用できない。この店の都合がウソ。店の力をつけ、冷凍から生へと替える。これが、ウソをなくすということだ。

お客様思考とは、ただのお題目でない。店の都合というウソを一つひとつなくすことだと思えてならない。

▼お客様思考宣言をお題目で終わらせない

先にも紹介した『浜海道』は、4年目を迎えた頃から売上が低迷し始めた。初めてのピンチだ。経営幹部全員で、お客様が同店に何を望んでいるかを見直した。創業時から実施していた「お叱りハガキ」で、お客様の要望を何度も整理した。そして、二つのことを決めた。

一つは、主力商品である刺身を全品、産地直送に替えること。価格の変動性、品質管理などを考えても、思い切った決断だ。二つ目は、営業視点を店の都合から、お客様の要望優先に変えること。それがお題目に終わらないように「お客様思考宣言」として、お客様に見えるように店内に掲示した。

この二つの取組み後、お叱りハガキで毎月集計したお客様満足率は上昇し始めた。それとともに、売上が快調に伸び始めたのだ。

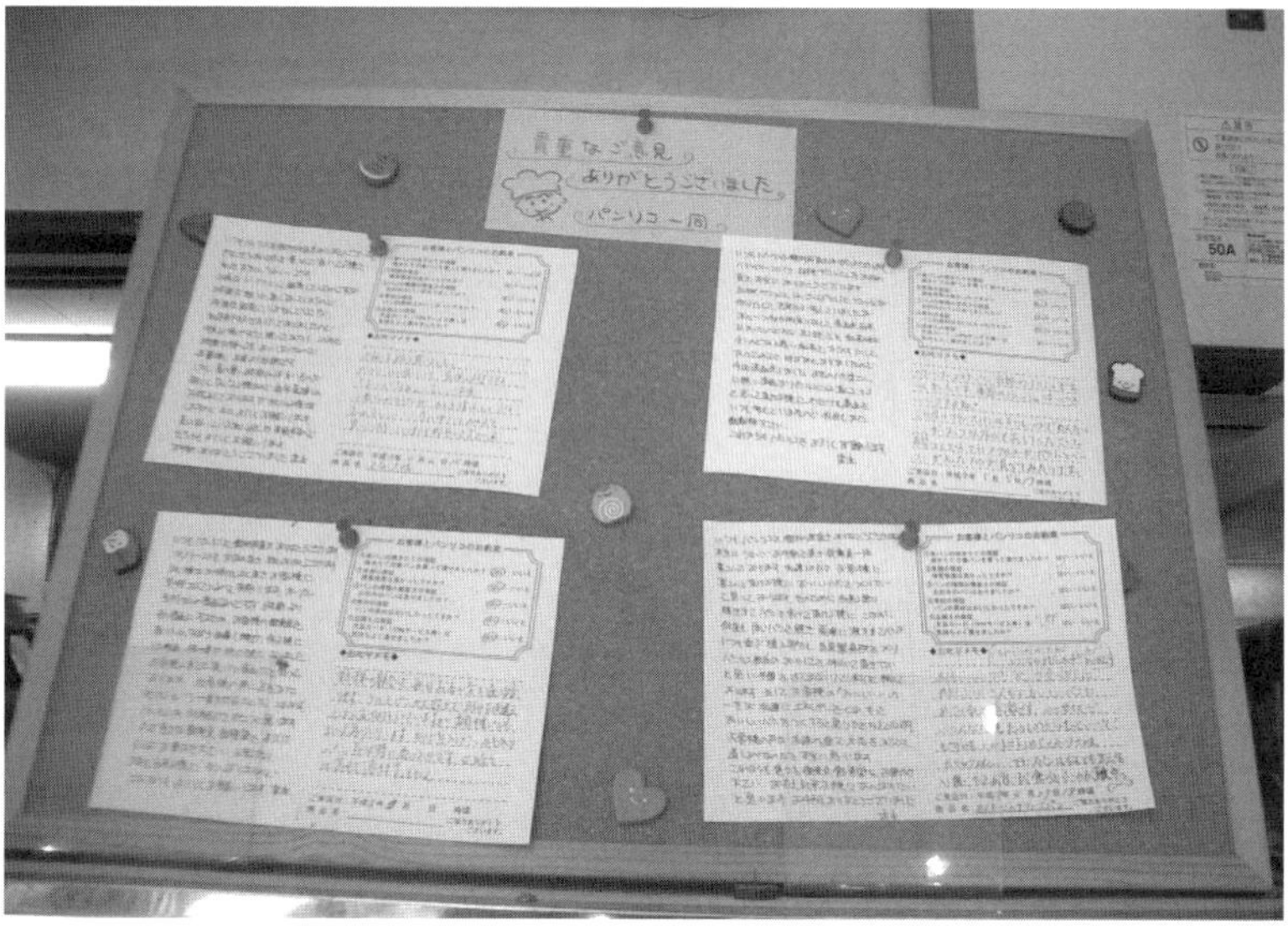

お叱りハガキを活用し、お客様の要望とそれに対する店側の対応を掲示する

2章

ダントツ一番店 10の繁盛法則

第4法則

「売れ筋」に集中せよ
――商品集客力の繁盛法則

1

売れ筋価格帯には35%の品揃えが必要

イタリアン店活性化セミナーに参加したお客様から、店の診断を依頼された。約20年ほど営業しているが、一度も利益が出たことがないと言う。本業が別にあり、それが順調なので、そちらから赤字の補填を繰り返しているらしい。しかし、セミナーに参加して、何か感じるものがあったらしく、診断の依頼をされたようだ。

▼品揃え価格帯を絞り込め

ワインのメニューは、お客様を馬鹿にしたような品揃えに思えた。2000～30000円までの広い価格帯。その上、2000円に3品目、3000円に3品目というように、1万円までは1000円アップする価格ごとに3品目ずつの品揃え。1万円帯、2万円帯、3万円帯に各3品目というような構成で、33品目がメニューに掲載されていた。

一つの価格帯に集中する品揃えではない。これでは、よほどワインに詳しいお客様以外は注文できない。担当の人に聞いてみると、やはりワインはあまり出ないと言う。その中でも、出数の多いのは3000円帯という話だった。この店では、品揃えの35%に当たる12品目を目安に、3000円帯に集中的に品揃えすることで、ワインの出数は比較にならないほど増加するはずだ。

▼「わかりやすさ」が集客力

値づけの基本は「松竹梅」というのは過去の話だ。3000円、4000円、5000円と3段階の値づけをして、4000円を売るといった価格構成の方法だ。しかし、今の繁盛店の懐石料理店やコース料理店などには、1価格でのプリフィクスタイプが多い。アメリカの繁盛高級レストランでも同様の傾向がある。予算が「わかりやすい」というのは、集客力につながる。100円均一の回転寿司なども、その一つの例だ。

しかし、現状の品揃えから、均一のようにワンプライス型への変更は難しい。現状のよさを活かしながら、より集客力をつけるには、出数の多い価格帯に全体の35%、もしくはそれ以上の品目を品揃えする。それによって、お客様の求める予算に「豊富な品揃え」が実現でき、集客力をアップしてくれる。

売れ筋価格に集中させる繁盛マーケティング法則

1　品揃えの中心価格

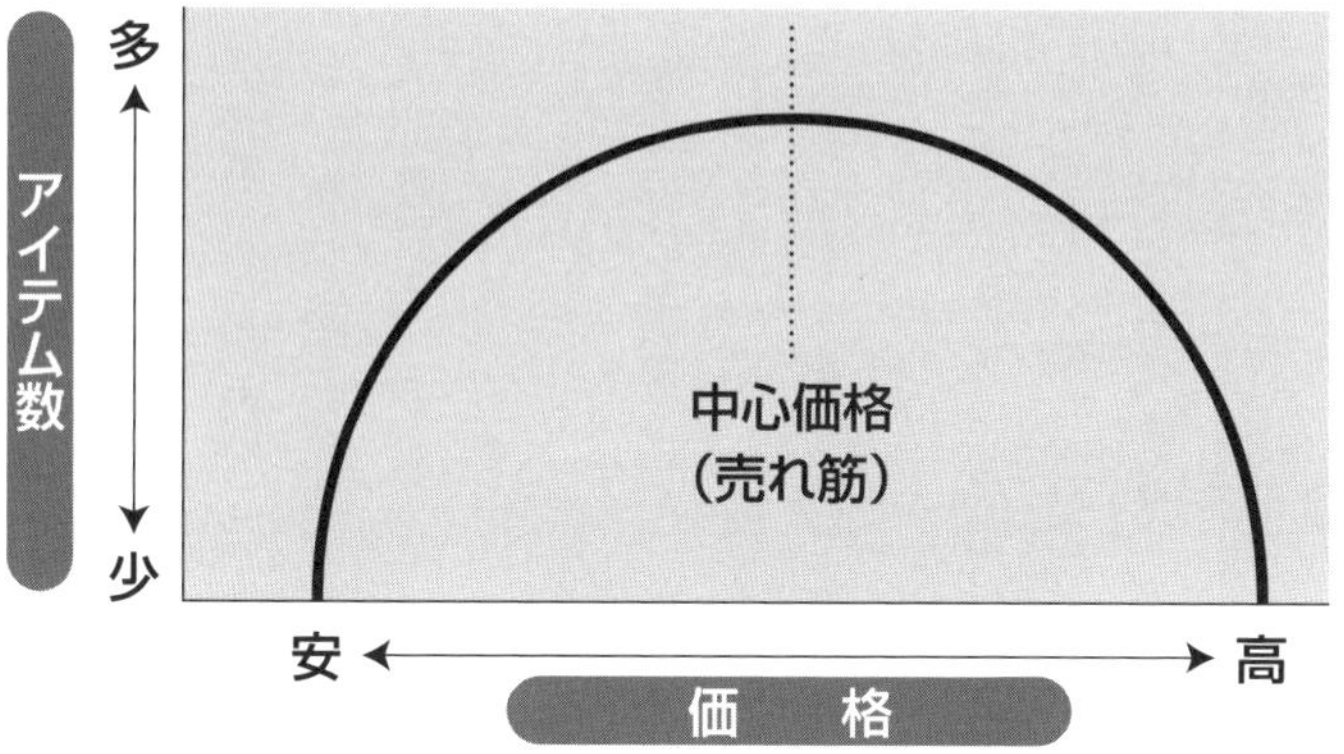

2　売れ筋からの展開

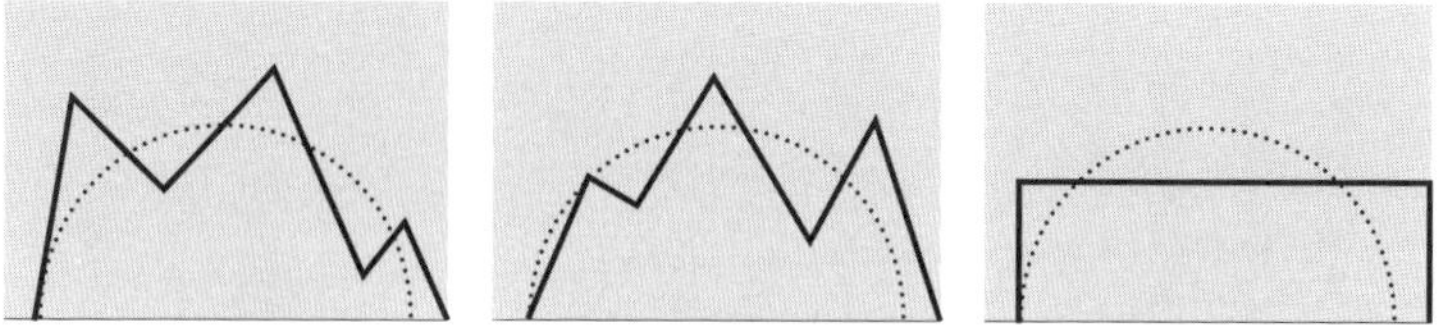

① 集客法　② ハイイメージつき大衆商法　③ 不振型

3　売れ筋への集中

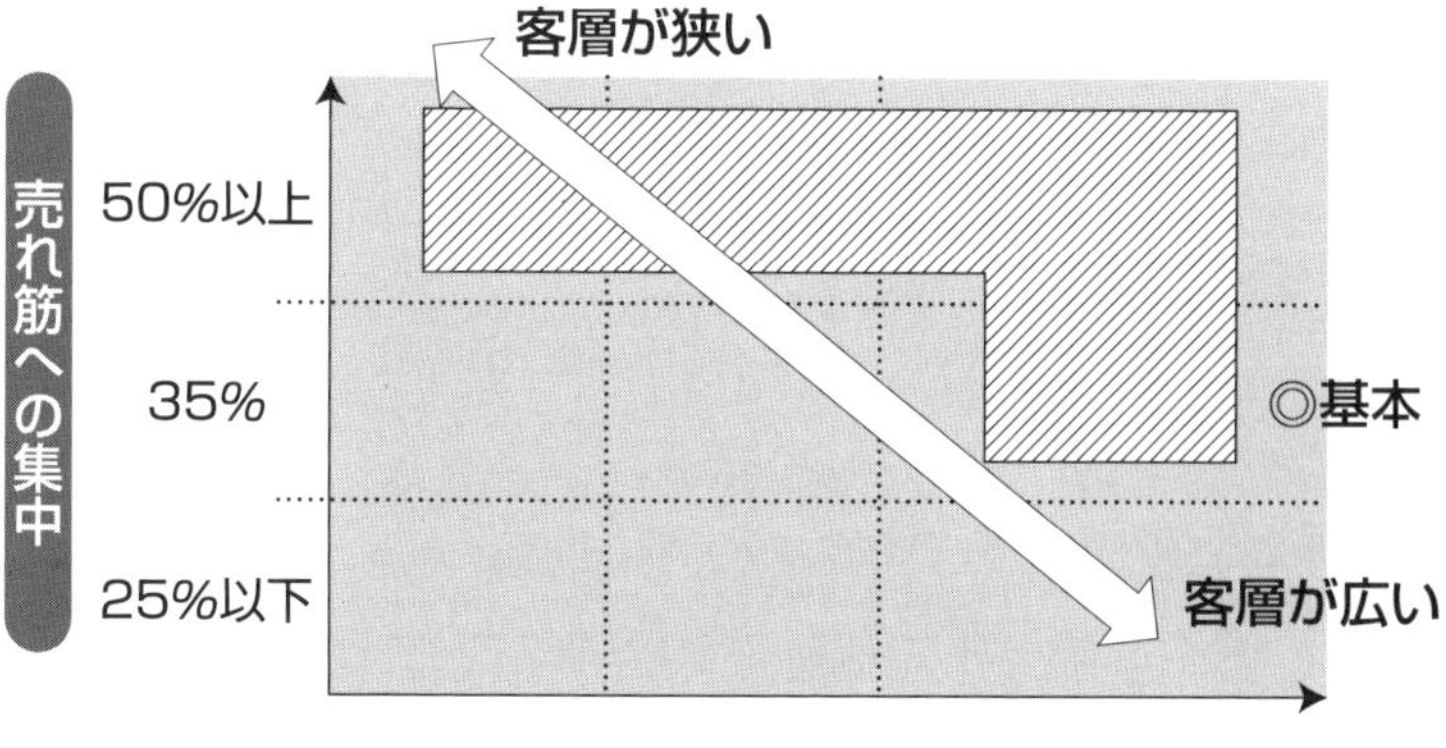

2 粗利ミックスの品揃えが利益をつくる

▼一番商品の高粗利原則

「一番商品の高粗利原則」が、メニューマーケティングの最高手法である。その店を代表する一番商品を、店の平均原価率以下、すなわち高粗利型の「売れて儲かる商品」にすると、最良の経営効率が実現できるからだ。

アメリカの『アウトバックステーキ』は、700店を超えるディナー型レストランとして、最大手チェーンに成長している。しかもどの店も繁盛店だ。

その理由は、この店の一番商品、「ブルーミスオニオン（花が開くような形のフライオニオン）」にある。どのテーブルにも、必ず一つ以上は乗っているほどの人気商品だ。非常にボリュームがあり、お値打ち感に溢れている。あまりのボリュームのため、フライヤーで調理するには、1台で1個ずつのフライオニオンしかできず、調理効率はかなり悪い。しかし、原材料は玉ねぎで、非常に原価が低い。この一番商品の「高粗利率」のおかげで、主力商品のステーキに高原価がかけられる。

その結果、そのお値打ちステーキが差別化となり、繁盛店となっている。こうした「一番商品の高粗利原則」の活用こそ、経営的に魅力に溢れた方法の一つだ。

▼大切な粗利ミックス

しかし、一番商品が高原価の場合もある。多くの海鮮居酒屋では、刺身盛り込みを一番商品に育成している。50〜60%ぐらいの思い切った高原価率をかけることで、差別化を図る。こうすると、集客力はつくものの収益率という面から考えると、よいとは言えない。収益率を悪くしないためには、「粗利ミックス手法」を使う。

平均原価率の65%（たとえば35%なら、35%×65%＝23%）を目安にした、「低原価率商品カテゴリー」を投入する方法だ。その商品カテゴリーで売上の5〜7%は占めなければ効果は得られない。そのためには、同一品群で15品目以上、たとえば、天ぷらメニューで15品目の商品を投入する。もしくは、同一品群でない場合は、「全品揃えの25%」の品目で、低原価率化商品へリニューアルすればよい。平均的な原価率発想の品揃え方法では、商品差別化は難しいと考えていいだろう。

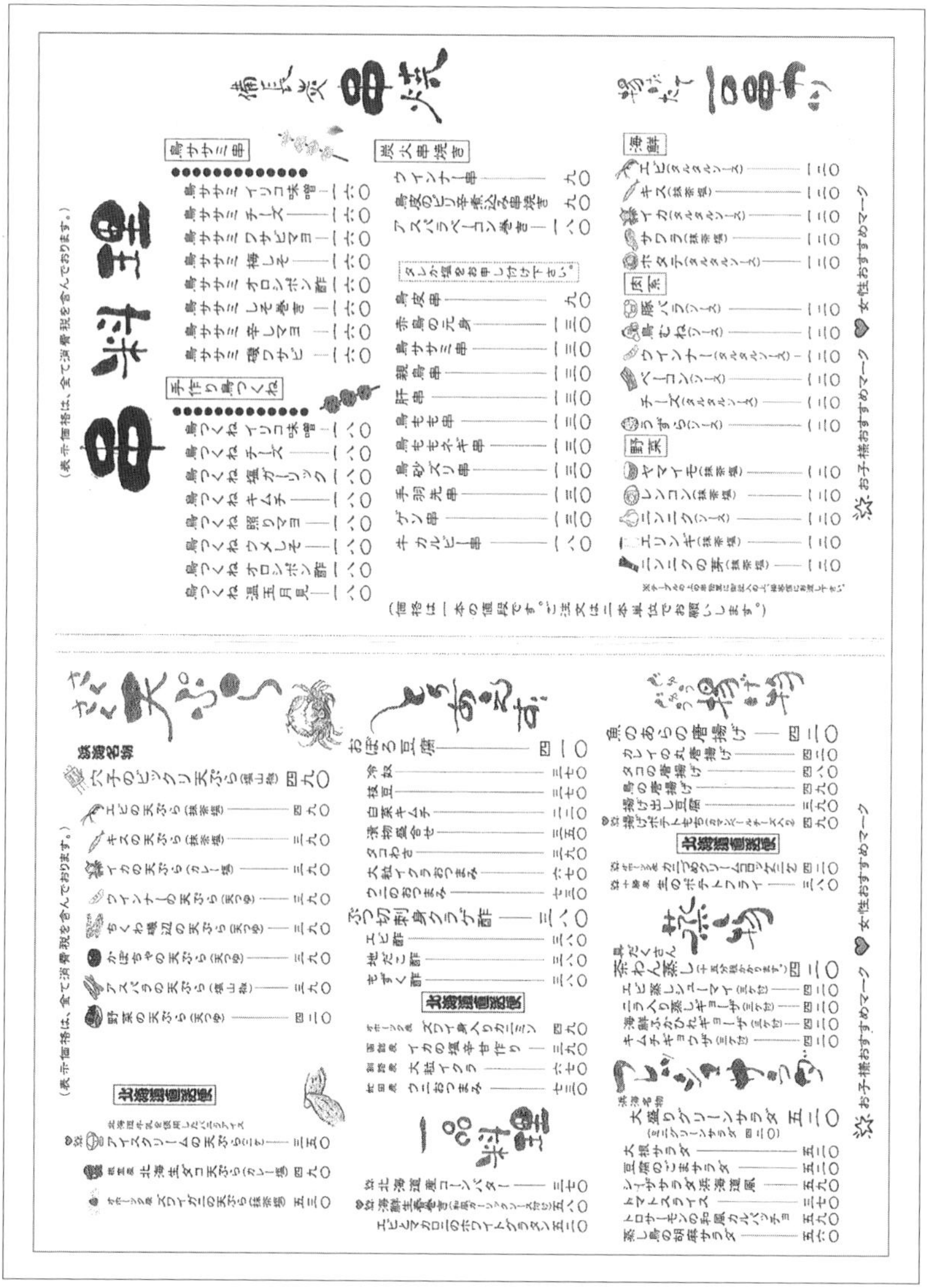
串料理
(表示価格は、全て消費税を含んでおります。)

鳥ササミ串
鳥ササミ イリコ味噌 一六〇
鳥ササミ チーズ 一六〇
鳥ササミ ワサビマヨ 一六〇
鳥ササミ 梅しそ 一六〇
鳥ササミ オロシポン酢 一六〇
鳥ササミ しそ巻き 一六〇
鳥ササミ 辛しマヨ 一六〇
鳥ササミ 磯ワサビ 一六〇

手作り鳥つくね
鳥つくね イリコ味噌 一八〇
鳥つくね チーズ 一八〇
鳥つくね 塩ガーリック 一八〇
鳥つくね キムチ 一八〇
鳥つくね 照りマヨ 一八〇
鳥つくね ウメしそ 一八〇
鳥つくね オロシポン酢 一八〇
鳥つくね 温玉月見 一八〇

備長炭 串焼
炭火串焼き
ウインナー串 九〇
鳥皮のピリ辛煮込み串焼き 九〇
アスパラベーコン巻き 一八〇
タレか塩をお申し付け下さい。
鳥皮串 九〇
赤鳥の元身 一三〇
鳥ササミ串 一三〇
親鳥串 一三〇
肝串 一三〇
鳥もも串 一三〇
鳥ももネギ串 一三〇
鳥砂ズリ串 一三〇
手羽先串 一三〇
ゲソ串 一三〇
牛カルビ串 一八〇
(価格は一本の値段です。ご注文は二本単位でお願いします。)

揚げたて 一口串カツ
海鮮
エビ(タルタルソース) 一二〇
キス(抹茶塩) 一二〇
イカ(タルタルソース) 一二〇
サワラ(抹茶塩) 一二〇
ホタテ(タルタルソース) 一二〇
肉系
豚バラ(ソース) 一二〇
鳥むね(ソース) 一二〇
ウインナー(タルタルソース) 一二〇
ベーコン(ソース) 一二〇
チーズ(タルタルソース) 一二〇
うずら(ソース) 一二〇
野菜
ヤマイモ(抹茶塩) 一二〇
レンコン(抹茶塩) 一二〇
ニンニク(ソース) 一二〇
エリンギ(抹茶塩) 一二〇
ニンニクの芽(抹茶塩) 一二〇
☆お子様おすすめマーク ♥女性おすすめマーク

さくさく天ぷら
(表示価格は、全て消費税を含んでおります。)
浪速名物
穴子のビックリ天ぷら(藻塩) 四九〇
エビの天ぷら(抹茶塩) 四九〇
キスの天ぷら(抹茶塩) 三九〇
イカの天ぷら(カレー塩) 三九〇
ウインナーの天ぷら(天つゆ) 三九〇
ちくわ磯辺の天ぷら(天つゆ) 三九〇
かぼちゃの天ぷら(天つゆ) 三九〇
アスパラの天ぷら(藻塩) 三九〇
野菜の天ぷら(天つゆ) 四二〇
北海道直送便
アイスクリームの天ぷら 三五〇
北海生ダコ天ぷら(カレー塩) 四九〇
ズワイガニの天ぷら(抹茶塩) 五三〇

とりあえず
おぼろ豆腐 四一〇
冷奴 三七〇
枝豆 三七〇
白菜キムチ 三二〇
漬物盛合せ 三五〇
タコわさ 三九〇
大粒イクラおつまみ 六七〇
ウニのおつまみ 七三〇
ぶつ切刺身クラゲ酢 三八〇
エビ酢 三八〇
地だこ酢 三八〇
もずく酢 三八〇
北海道直送便
ズワイ身入りカニミソ 四九〇
イカの塩辛甘作り 三九〇
大粒イクラ 六七〇
ウニおつまみ 七三〇

一品料理
北海道産コーンバター 三七〇
海鮮生春巻 五八〇
エビとマカロニのホワイトグラタン 五三〇

からっと揚げ物
魚のあらの唐揚げ 四二〇
カレイの丸唐揚げ 四二〇
タコの唐揚げ 四八〇
鳥の唐揚げ 四九〇
揚げ出し豆腐 三九〇
揚げポテトもち(カマンベールチーズ入) 四九〇
北海道直送便
カニクリームコロッケ 四二〇
ポテトフライ 三八〇

具だくさん蒸し物
茶わん蒸し 四二〇
エビ蒸しシューマイ(三ケ付) 四二〇
ニラ入り蒸しギョーザ(三ケ付) 四二〇
海鮮ふかひれギョーザ(三ケ付) 四二〇
キムチギョウザ(三ケ付) 四二〇

ヘルシーサラダ
浪速名物
大盛りグリーンサラダ 五二〇
(ミニグリーンサラダ 四二〇)
大根サラダ 五二〇
豆腐のごまサラダ 五二〇
シーザサラダ浪速風 五九〇
トマトスライス 三七〇
トロサーモンの和風カルパッチョ 五九〇
蒸し鳥の胡麻サラダ 五六〇
☆お子様おすすめマーク ♥女性おすすめマーク

この店では低原価率となる串カツと天ぷらメニューの品揃えを強化し、粗利ミックスを実現している

3 ターゲットを明確にすれば売上は伸びる

1章で紹介したハンバーグの『芝』という店は、月商で400〜500万円。集客力もあり、とくにランチタイムは待ち席が出るほど繁盛していた。しかし収益的には、現状の1・5倍の700万円は売り上げなければ、適切な利益は出なかった。そこで、社長の芝崎さんは、思い切った商品リニューアルを実施した。

▼ターゲットを変更する

男性サラリーマンが主体だったため、商品価格も600〜900円といった安い値づけになっていた。そこで、ランチでも、比較的、高単価を支払う女性客をターゲットにした。立地は札幌の中心となる繁華街であるすすきのだ。女性のショッピング客も多く、マーケット的に見ても、大きな可能性を持っていた。

女性客は、いろいろなものがいっぱいついた商品や、シズル感の強い提供方法の商品を好む傾向がある。そこで、味噌汁とご飯以外にサラダとデザート、飲み物をセット化し、次のようにシズル感を強く演出した。

①サラダ（テーブルの横で実演的につくる）、②ご飯（大きなかまどを設置し、それで炊き上げる）、③ハンバーグの実演提供（炭の焼き台を設置し、お客様の目の前で焼き上げ、それをカットし、その上にソースをかけてジュージューという音を強烈に立たせる）、④デザート（4品目の中から自由に選択できる）、という内容に商品リニューアルした。価格も、900円から1600円で、客単価を従来の1・5倍程度に設定した。

▼お客様の要望に応えることで強い集客力が生まれる

実施後、1週間ほどで、男性サラリーマンは姿を消した。入れ替わるように、順調に女性客が増え、2週間ほどで、お客様の90%以上が女性客に替わった。売上も初月から順調に伸び、6ヶ月経過した頃には900万円にまで伸びている。

ターゲットを明確にすれば、お客様を絞り込むことになり、売上が減少すると考えがちだ。しかし、それは以前の話。お客様が成熟した現在では、ターゲットを明確にすることで、お客様の要望に的確に応えることができる。それが強い集客力を生んでくれるのだ。

ターゲットを明確にすれば売上は伸びる。女性をターゲットとするため、店内入口でデザートの陳列をする

芝のデザート、クリームブリュレはボリュームもあり、一番人気のデザートだ

4 女性型商品と男性型商品

お客様の成熟に伴い、飲食店も業態がより細かく分かれ始めている。また、店内禁煙だけが理由ではないものの、スターバックスには女性客が多い。一方、ドトールコーヒーは狭い席間の店内でありながらも、喫煙できるため、男性サラリーマン客が多い。営業方法の違いで、来店客の棲み分けができている。この現象を見ても、ターゲット客への要望対応力が重要な時代を迎えていると考えていいだろう。

商品開発において、少なくとも女性型と男性型の商品視点を把握しなければ、ターゲット客をつかむことはできない。また、それができなければ、これからのお客様の要望に応えることができないのは当然だろう。

▼女性型の五つの視点

①わかりやすい価格…均一、プリフィクス、食べ放題、②シズル…オープンキッチン、シズリング、実演、③明るい…店内の明るさ、開放感、おしゃれ感、④市場感…入口の第一印象、食材の陳列、⑤ボリューム…お腹いっぱい、あれこれたくさん。

ファミリー客の財布は、主婦が握っている。郊外で、100円均一の回転寿司が繁盛しているが、これも、財布を握った主婦が店選択の主導権を持っているためだ。デパートのバーゲン会場の市場的なにぎわいや、食品売場での実演コーナーに女性が多く集まっているのも、この五つの視点で見れば理解できるだろう。

▼男性型の五つの視点

①こだわり…製法、表現、産地、②ムード…暗い、豪華さ、高級感、③選択…お奨め、④本物感…かまどで炊く、備長炭で焼き上げる、芋焼酎の黒千代香、⑤権威…文字表現、他人評価、由緒由縁。

男性型商品の典型は、日本酒で考えるとわかりやすい。製法や産地（どこの蔵、どこの場所）など、こだわり感が強く訴求されている。

どちらかというと、女性型は視覚性訴求にポイントがあるのに対して、男性型は知覚的訴求に弱いようだ。

あなたの店のターゲット客は誰だろう。「幅広く」では、もう集客できない時代が来ているのだ。

ターゲット戦略の成功のカギ(キーワード)

1

男性　視点

① こだわり
② 由緒由縁
③ 本物（感）
④ 単品型（小皿型）
⑤ 平日商圏
⑥ 仕上げとしての食事
⑦ 伝統性
⑧ ポケットマネー
⑨ 保守的

女性　視点

① シズリング
② お得感
③ 市場感
④ 予算のわかりやすさ
⑤ 土日商圏
⑥ 食事性
⑦ 明るい
⑧ フレッシュ感
＆ナチュラル感
⑨ 流行に乗る

2

カップル

① 暗い
② 閉鎖性
③ おしゃれ…創作性
④ ボックス型シート
⑤ コース型（対面的）

ファミリー

① 明るい
② 開放性
③ 予算のわかりやすさ
④ 小上りテーブル
⑤ セルフ性

5

時流に乗ればダントツ一番店になれる

一番店になるためには、競合のない立地に出店すればよい。非常に簡単な話だが、最良のマーケティングである。

先日も、東北のある居酒屋チェーンの経営相談で出かけた。話を聞くと、約25年前、ある居酒屋のフランチャイズに加盟したらしい。その頃は競合などはなく、出店すればどの店も一番店であり、売上と収益の両面で非常に満足できる内容だったらしい。しかし、この7～8年前から競合が増え、いつの間にか売上は最盛期の半分以下に減少していた。

▼時流に乗れ

お客様は年々、成熟する。それが「時流の変化」だ。新しい競合には、その時流に適応した営業で出店するところも現われ始める。残念だが、時流に適合できない店は、いずれ淘汰されてしまう。適者生存の法則だ。

しかし、時流に合うように、商品やサービス、店づくりをリニューアルすれば、売上アップは思ったより簡単にできる。2倍以上の売上アップも、それほど珍しい事例ではない。

▼時流、七つの視点

今の時流は次の七つの視点だ。この七つの視点が年々、深まっている。

①できたて…目の前での調理、シズル感、キッチンのオープン化など、②本物化…冷凍から生へ、備長炭で焼く、スローフード化（一から仕込む）、③専門化…一番商品や主力商品が必要、強みが差別化、何屋かがわかりやすい、④個別対応…一対一、個人の好みが言える、選択、お客様を覚えるなど、⑤個人化…会社の宴会から友人や知人の宴会へ、ビールを注ぎ合うから個々人のジョッキ提供へ、⑥スタイル化…より洗練された盛り付け、店の個性化や独自性を強調した内装、商品名のユニークさ、など、⑦身体によい…有機野菜、五穀米、トレーサビリティー（生産過程の追跡）など。

まずは、自分にできそうな二つの視点を選んでほしい。その視点で、営業を磨き込めば、ダントツの一番店になれるはずだ。

■とんかつの玉藤（札幌）

■フルーツケーキファクトリー本店（札幌）

オープンキッチンによる実演調理が時流の一つである“できたて”を演出する

6 「一目品揃え」こそ、メニュー戦略の基本

▼品揃えの豊富さを感じさせないブック型メニュー

お客様がメニューブックを見て、何度もめくり直している。こんな光景をあなたもよく目にしているはずだ。お客様は、注文を決めかねているため、こんなことになる。本のように冊子にしたブック型メニューは最近、多くの飲食店で見かけるようになった。

その理由の一つは、写真による差別化の演出のため。お客様にとって、商品写真を使ったほうが見やすく感じる。しかも写真を使うことで、おいしさ感が表現できる。

理由の二つ目は、高級感が出るため。1枚ものにしたメニューよりブック型のほうが、表紙の工夫やメニューの紙質などの演出で安っぽさがなくなり、重厚な雰囲気のあるメニューに仕上げることができる。

しかし一方で、このブック型メニューは、大きな欠点を持つ。前述したように、「メニュー選択の迷い」を引き起こしてしまうのである。お客様は、何か物足りなさを感じる。それは「品揃えの豊富さ」を感じないためである。

▼「一目品揃え」こそ、メニュー戦略の基本

アメリカのレストランを視察していても、写真入りのブック型メニューは、子供を主力客にしたファミリーレストランだけのようだ。繁盛店のほとんどは、「一目」ですべての品揃えが見える「1枚もの」のメニューになっており、しかも商品写真などない。

実は「1枚もの」のメニューのほうが、品揃えが豊富に感じられる。「品揃えの豊富さ感」の演出こそ、メニュー戦略の基本だが、ブック型のメニューでは、1ページごとの区切りでしかメニューが見られないため、「全体」が把握できない。これでは、お客様に品揃えが強い印象で伝わらないことになる。

しかも、写真入りメニューには大変なコストがかかる。そのために、思い切った商品の磨き込みができないでいる店も多い。これでは「時流」に適合することは難しい。

1枚ものでコストをかけないメニューにしてこそ、集客力の強い店に変化できると考えたほうがよい。

「一目品揃え」が品揃えの豊富さを演出する

7 「差し込みメニュー」で主力商品を売りつくせ

先にも紹介した『浜海道』という海鮮居酒屋の営業時間は、夜の6時間。人口の少ない田舎商圏でありながら、店面積80坪で、年間2億円を売り上げる繁盛店となっている。

しかし、「道路交通法」の改正（飲酒運転の罰則強化）で20％の売上減少に追い込まれた。営業責任者の神原部長は、アルコールに関する売上は期待できないと考え、食事メニューである寿司の品揃えを強化した。お客様の反応はよく、売上構成比の20％にまで達し、主力カテゴリーの一つになるほどの成果を得た。しかし、売上減少幅は少なくなったものの、前年売上には到達しなかった。

▼一番商品と主力商品の減少に手を打て

そのため社長は、商品カテゴリー別売上の動向分析を行なった。その結果を見て、社長と部長の2人は驚いた。

たしかに、アルコールの売上は前年の75％。寿司カテゴリーは、強化の成果が出て、１２０％の売上増になっている。他のカテゴリーは95～１０３％の動きだ。しかし、一番商品を含む主力カテゴリーの刺身が80％と、20％も減少していたのだ。道交法改正がすべての原因ではなく、「店の顔」となる主力が力をなくし、お客様のニーズから離れていたのが、本当の原因のようだ。一番商品と主力商品の刺身に手を打つのが急務だった。

▼主力商品、150％アップめざして

そこで、刺身メニューをグランドメニューからはずし、差し込み型メニューに変更した。その理由は、①第一印象の強化…一番最初に訴求できるため、お客様の印象が強く残る、②日替り化…毎日の仕入れの変化をつけるなど、お客様ニーズが反映しやすい、③鮮度感の強化…差し込みメニューで日々の変化がつけられるため、鮮度感が訴求される、の三つがポイントだ。

その結果、3ヶ月ほどで、10％ぐらいの売上構成比が1・5倍の15％にまで伸びるなど、非常に大きな成果を出すことができた。しかも、全体売上が前年を超えた。差し込みメニューによって、「店の顔」の主力商品カテゴリーの売上を伸ばすことが、全体売上を伸ばすコツだ。

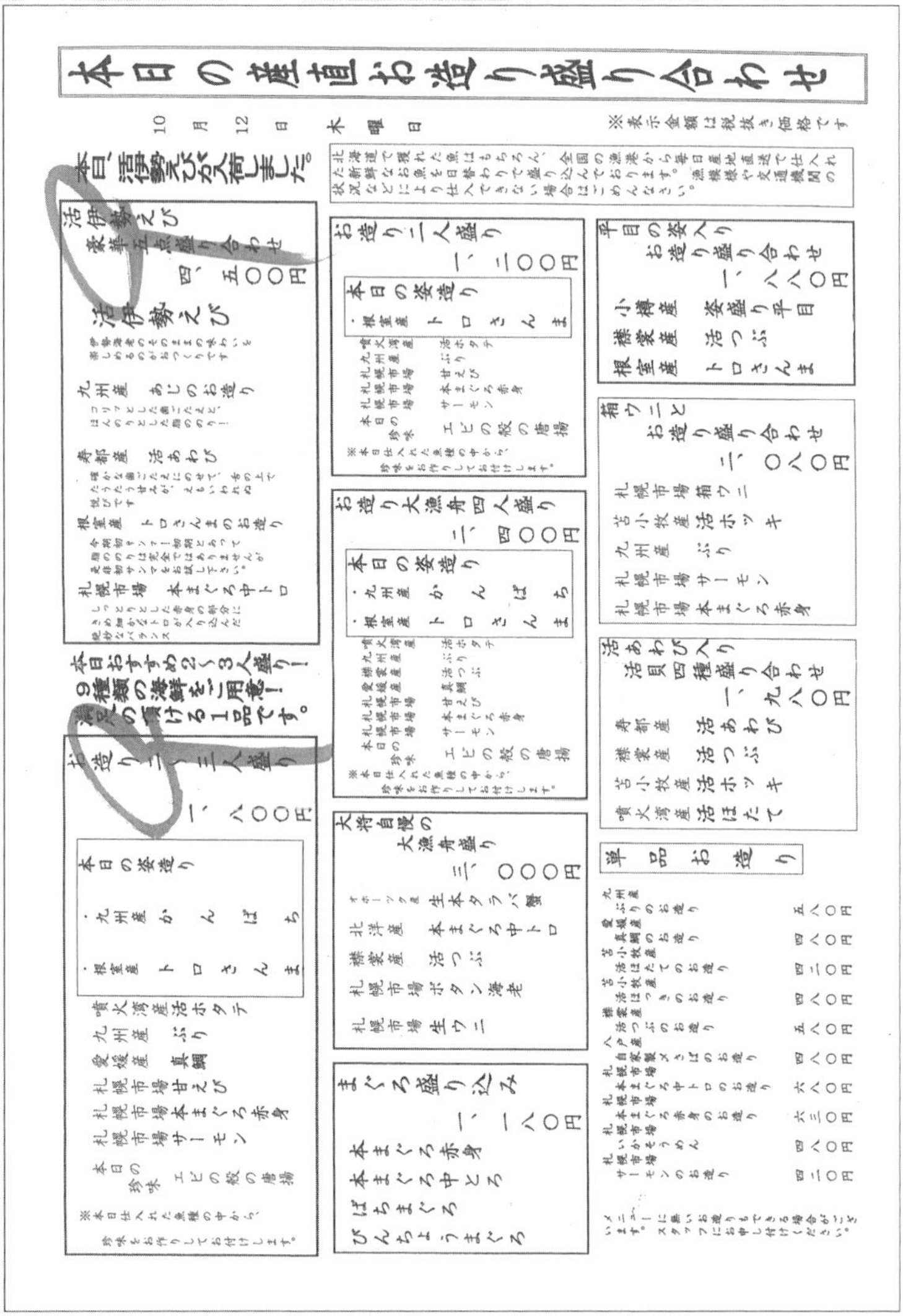

一番商品と主力商品の販売数量を伸ばすために「差し込みメニュー」を活用する

2章

ダントツ一番店 10の繁盛法則

第5法則

「注文」を復唱するな、おいしいとほめろ
——お客様満足サービスの繁盛法則

1

お客様の注文をほめなさい

アメリカレストラン視察で、楽しい瞬間の一つが注文のときだ。繁盛店のレストランで注文すると、「それは、おいしいよ」といった感じの言葉で注文に相づちを打ってくれる。いい注文をしたんだな、という感じに包まれる。繁盛店の多くで、従業員がそのような対応で接客してくれるため、気分がよいことが多い。

▼ご注文を繰り返しますと……

注文した後、多くの飲食店でこの言葉が返ってくる。悪いとは言えないが、事務的で感じのよいものではない。

二十数年前、ファミリーレストランが全盛の頃だ。当時、チェーン店の「標準化」という視点が、飲食店運営の重要なカギとされていた。そのため、サービスも均一で、バラつきのない定型的な内容が求められた。当時のお客様もそれを素晴らしいサービスとして歓迎した。

とくに、注文ミスがないように、「注文の復唱」は徹底されていた。しかし、お客様は成熟を深め、こうした決まりきった対応を求めなくなった。しかし、多くの店長は、そんなお客様の変化に気づいていない。過去、自分が教育されたとおりの内容を今でも引きずったままである。その結果、お客様の要望と現状のサービスでの対応のギャップは広がりすぎた。

▼お客様が注文するときは満足度アップのチャンス

『アイ・アム・サム』という映画の1シーン。ショーン・ペンが演じる主人公サムが、コーヒーショップの店内を掃除しながら、1人ひとりのお客様に、「そのコーヒーは○○だね。おいしいよ」と、声をかけ続けている。声をかけられたお客様は、ニコニコとした表情だ。前述した私の体験と同じだ。

お客様は、自分の注文をほめられると嬉しいのだ。お客様が注文するときこそ、満足度アップのチャンスだ。

最後にまとめて復唱せず、お客様が注文するつど、相づちとして復唱すると感じよく伝わる。そして、本日のお奨めや人気商品などを注文されたときは、「それは、おいしいです」、「人気があります」という言葉で相づちを打ってほしい。その言葉一つで、1人のお客様として、大切にされているような〝心〟が伝わるからだ。

お客様の注文に対して、「それはおいしいです」という言葉が返ってくる

2 「私の好きな商品は」がお客様の心をつかむ

約10年ほど前になる。当時、創作居酒屋の草分けの一つだった『えん』という店で食事をした。

注文のとき、「この店は何がお奨めなの」と従業員に聞いたところ、「こちらのメニューが本日のお奨めとなりますが」と返ってきた。それに加えて次の言葉には驚かされた。「その中でも私は、○○と○○が好きです。×××といった味がして、おいしいです」。

▼「私の好きな商品は」で感じた、時代の変化

従業員に、商品を自分の好みだからと奨められたことは、初めての体験だった。実に感じよく私に伝わってきた。しかも、それなら注文してみようという気持ちが強く湧いてきた。追加の注文を別の従業員にしてみた。するとその従業員は、「どんな味がお好みですか」とか、「お腹の加減はいかがですか」などと聞きながら、お奨め商品のアドバイスをしてくれた。

どちらの場合も、お客様1人ひとりに対して個別対応しているような感じで気持ちがよい。他の店によくあるような、「お奨めはこちらのメニューです」とか、「印がついている商品がお奨めです」などのように、聞かなくてもわかるような応対ではすませない。このサービスに、時代の変化を強く印象づけられた。

▼お客様の心をつかめ

ある繁盛店の店長に聞くと、お奨めの仕方一つで、お客様の心をつかめることがあるという。それは、お客様が得をしたような感じにするのがポイントらしい。そのために、次の三つを従業員に実行させていると言う。

①商品説明…使用素材や味覚の説明、②試食…定期的に実際に試食を実施し、自分自身で体験する。それをメモする、③営業前ミーティング…本日のお奨め品の推奨の理由と味覚（できれば試食）の説明

この三つを実行させ、手帳にメモさせる。手帳は、必ず営業中に身につけさせる。そして、メモした内容でお客様に説明する。どうしても思い出せないときは、お客様の前でもそのメモを見て説明する。その場合、お客様へのお詫びの一言を必要とする。

商品情報を、自分の言葉でお客様に伝えよう。

開店前、サービス担当者がテラス席に座り、ミーティングを実施している。お奨めの内容の確認なども行なっているのだろう

3 「少々お待ちください」は禁句

飲食店で一番よく使われる言葉、それは「少々お待ちください」だ。店内に入ったときまず、そう言葉をかけられ、一度待たされる。すぐには、席に通してくれない。注文すれば、復唱の後に必ずその言葉がつく。追加注文しようと従業員を呼ぶと、やはりこの言葉がすぐに返ってくる。

すべての言葉にその言葉がついてくるのだから、お客様は、いつも待たされているような気分になるだろう。

▼返すべきは「はい、ただ今参ります」

私が飲食店の現場で働いていたときだ。もう二十数年前になる。当時の店長から教えられた一言が、今でも印象に残っている。その店長は、私にこんな質問をした。「お客様が、君を呼んでいるとする。そのとき、君はどんな言葉を返す?」。私は当然のように、「はい。少々お待ちください」です、と答えた。「それではダメだな。お客様はいつも待たされているんだ。お客様には、『はい、ただ今参ります』と返すんだよ」。

たしかに、そうすることで、お客様は自分の気持ちが伝わったと安心する。しかし、「少々お待ちください」と返したら、「急いでいるのだから、早くしてくれよ」という気持ちが残る。お客様の立場で考えると、「少々お待ちください」という言葉は禁句なのだ。

▼お客様優先! 自分は後回しにしよう

ある居酒屋でのことだ。下げ物の皿を持った女性従業員が近くを通ったので、「すみません」と声をかけた。するとその女性は、「はい」という言葉とともに、すぐに私のテーブルの横まで来た。「少々お待ちください」という言葉を残して、一度、バックヤードへ下げ物を置きに帰ると思っていた私は、即時の対応にびっくりした。

「先に下げ物を持って行っていいよ。注文は後でもいいよ」と声をかけたが、その女性従業員は、「すみません、気を遣っていただいて。どうぞ、気を遣わずにご用件をお申しつけください」と返してきた。

お客を待たせない。自分がしている今の作業をおいて、まずお客のところへ飛んでくる。このような基本作業が、お客様優先の視点でないだろうか。

少々お待ちください
少々お待ちください
少々お待ちください
待ちください
お待ちください
少々お待ち

4 テーブルの皿を下げるな！

▼皿を下げることが最優先の店

東京にハンバーグを主力にした老舗の繁盛チェーンがある。その店で昼食をとっていたとき、隣のテーブルでは、母親が小さな娘にハンバーグを食べさせながら、楽しそうに食事をしていた。最後のハンバーグを娘の口へと運んでいるとき、従業員が飛ぶようにやって来て、「こちらは、お下げしてよろしいですか」と言うや否や、ハンバーグの皿を下げてしまった。

まだ、ご飯やサラダが少しずつ残っているにもかかわらず、ハンバーグの皿だけを下げたのだ。私はその光景に啞然とした。せっかくの楽しい食事が台無しだ。まるで、店から追い出されているような感じがした。皿を下げるのが最優先の店には二度と来たくないと思った。

ある飲食企業の経営者から質問を受けた。その会社では、「お叱りハガキ」という、お客様の要望や不満などを聞くハガキを店内に置いている。そのハガキに、「まだ、食べ終わっていない皿を下げられた」というクレームが多く書かれていると言う。社長は、現場では必ず、お客様に「下げてよいか」の確認をしていると言う。だから、どうしてよいのかわからないと言われた。

私は「簡単です」と答え、「下げなければいいのです」と続けた。テーブルのお客様が全員食べ終わるまでは、下げる必要などない。実際、その会社では、極力皿を下げないようにしたところ、お叱りハガキのクレームがなくなってしまった。

▼「食器数を減らさない」がお客様満足の原則

たとえば、お客様から生ビールの追加注文を受けたとしよう。その際、テーブルの空のグラスを下げてから新しい生ビールを持ってくる。しかし、テーブル上の「食器数を減らさない」というお客様満足の原則から見ると、新しい生ビールを持ってきてから空のグラスを下げたほうが、お客様の満足感は高まる。新しい商品がテーブルに提供されたときしか下げない、と考えればよい。

下げ物の原則は、①お客様が下げてくれと注文したとき、②下げるのは、お客様の正面から外れて横のほうに置かれた空皿、の二つの場合を基本にすればよい。

空いてる食器は
お下げしてもよろしいでしょうか？
だめー

5 ゆっくり、丁寧に

以前、私がお付き合いさせていただいた飲食企業でのことだ。その会社での営業会議が終わり、半年ほど売上の低迷が続いている店の現場チェックに出かけた。

▼「作業」と「サービス」

そこでは注文のとき、紙とエンピツを渡された。従業員は、「それに、注文するメニュー番号を書いてほしい」と言うなり、すぐにパントリーへと戻って行った。〝注文を聞かない〟接客にがっかりした。営業担当者に聞くと、生産性を上げるためだと言う。しかし、番号で記入するため、注文した商品名を覚えていないお客様も多く、「注文した、しない」というクレームが多いらしい。

従業員を呼ぶときは、テーブルのチャイムを押す。生産効率を上げられるように、従業員はパントリー中心で働くためだと言う。他のお付き合い先でもそうした形をとっているところがあるが、従業員から死角になるテーブルや座敷に限定している。全テーブルに置くと、仕事がパントリー内中心になる。それでは、お客様に気を配れなくなる。しかも、客席側にいる時間が短くなるため、活気もなくなる。この店は、すべてを「作業」で考えていて、「サービス」という考えは消えていた。

▼客席での効率優先はお客様満足にはつながらない

一番がっかりしたのは、従業員が店内を小走りで商品を運び、小走りでパントリーに戻っていく光景を見たときだ。正直、「これが人のすることか」と思った。

私は、その店の営業幹部の方に、「これはサービスではないですよ。〝人〟ではなく、マシンに求めるようなことです」と伝え、以前のスタイルの営業に戻すことをお奨めした。しかし彼は、社長方針だからムリだと言う。営業利益率30％が目標と言われているらしい。

その後、社長と何度か話し合い、6ヶ月後に以前の営業スタイルに変えていただいた。前年売上の15～20％減が続いた店だったが、その後、3ヶ月ほど経過すると、売上は前年を超えるようになった。

結局、お客様中心の営業でないと売上はとれない。客席では、ゆっくり丁寧に振る舞い、パントリーではスピードアップが営業の基本ということだろう。

BYUUUUUUN
効率第一
サービス第二
あのう　ちょっと

6 店のスターは誰か？

アメリカのアトランタにある『デル・フリスコ』という高級ステーキレストランで食事をした。十数人の参加者でレストランを視察していたときのことだ。アメリカの大手ステーキチェーンの『ローンスター』が、その店を買収したということで興味が湧き、訪れてみたのだ。

▼何も知らない案内係

2階席に案内されたが、途中の壁に十数枚の額が飾ってあった。席に着いてから、それが何なのか、案内係に聞いてみた。すると、「そんな、大したものではない。ただ飾っているだけ」という返答。少し納得できなかったので、注文を取りにきたウエイトレスに、再度聞いてみた。するとその女性は、満面の笑みで「みんな、ついてきて」と言い、額のある場所に私たちを連れていった。

そして、1枚ずつ説明してくれた。さまざまな雑誌のレストラン評価で受けた表彰だと言う。その女性は、満面の笑みを浮かべて、店へのプライドを見せた。

気になったので、「案内係の女性は、それを知らなかったよ」と言うと、働き始めてまだ1週間ほどしかたっていないので、知らないのだろうと答えた。

▼店のスターは「注文聞き」

ずいぶん日本の飲食店と違う。日本では、ベテランが案内やレジを担当するケースが多い。アメリカのようにテーブル担当制のサービスで、チップをテーブル担当者に支払う場合、当然、「注文聞き＝ウエイター・ウエイトレス」のほうが稼げる。だから、ベテランが案内係をすることはあまりない。

しかし、チップのない日本であっても、「注文聞き」が一番重要なポジションだと思っている。それは、お客様との接遇頻度が一番多い仕事だからだ。定型的サービスの時代はとっくに終わっている。固定客の名前を憶え、「いらっしゃいませ」だけでなく、ちょっとした気の利いた挨拶でお客様を迎えなければならない。お客様を得した気分にさせるような商品説明も求められている。

レベルの高いパートタイマーや社員こそが、「プロの注文聞き」となり、店のスターとして輝くことが、今の時代のお客様からの要求と言えるだろう。

お店のスターは「注文聞き」だ（『デル・フリスコ』にて）

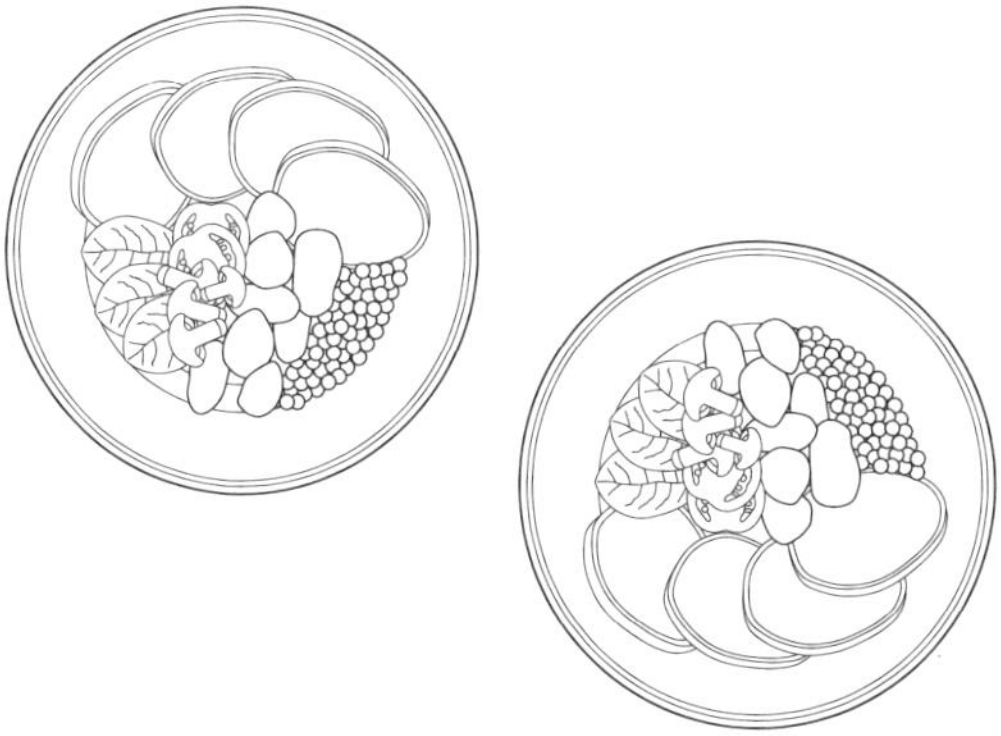

7 入口で待たせるな

飲食店に入ると、必ず入口で待たされる。「いらっしゃいませ、お客様は何名様ですか。こちらで、少々お待ちください」。これが、飲食店の常套句だ。店内にテーブルが空いている店でも、多くの店がこの調子だ。

▼すべてが作業中心、を改めよう

ある店の現場チェックのときだ。「どうして、入口でお客様を待たせるのか。テーブルは空いているじゃないか」と、その店の店長に聞いてみた。すると、そうすることで店に余裕ができる。それによって、店の作業効率がよくなると言う。それも一理あるような気がする。

しかし、そうやってほんの少しだけでも待たせたお客様を案内していると、「何だ、席は空いているじゃないか」という声もよく聞くらしい。そうした接客方法にはやはり問題がある。結局、作業中心で運営されているからだが、「クレーム発生型の店」になりやすい。

▼〝待たせない〟がサービスの基本

サービスの基本は、「あなたが最優先」という姿勢だ。お客様をいったん入口で待たせる対応など、「あなたが最優先」という基本からは大きくズレている。

九州で、均一型の回転寿司を経営する社長から聞いた話だ。業者の方と打ち合わせをするために、あるファミリーレストランに入った。時間は午後4時ぐらい。いわゆる、アイドルタイムだ。入口にスタンドが立ててあり、「係の者がご案内しますので、少々お待ちください」と書いてあった。2人で立って待っていたが、なかなか案内されないので、従業員に「2人ですが、入っていいですか」と声をかけた。すると従業員は「ご案内しますので、少々お待ちください」と返してきた。

店内にいるお客様は2組。店内はガラガラだ。なぜ、「どうぞ、お好きなお席にお座りください。すぐにテーブルにお伺いします」と言えないのだろう。結局、その社長は腹立たしくなって帰ってしまったらしい。

〝待たせる〟営業態度は、お客様を失っても創ることはできない。お客様の不満を創造する作業が、高い営業効率をつくるとはどうしても思えない。

店長、あなたはどのように考えますか。

GARAGARA
GARAGARA
GARAG
係のものがご案内い
こちらにお名
少々お待ち

2章

ダントツ一番店 10の繁盛法則

第6法則

「命令」はするな！一緒に考えよう
——リーダーの繁盛法則

1

命令はするな！　一緒に考えよう

店の従業員が、店長の言ったとおりに動く。はたして、それがよい店舗運営なのだろうか。

何年か前のアメリカ西海岸視察ツアーのときのことだ。現地セミナーで、『ノードストローム』の店長の話を聞いた。顧客満足度の高いサービスで有名な同社は、いくつもの本に紹介されるほどだ。

▼部下が自分の上司!?

『ノードストローム』の店長は、私たちに一枚のパネルを見せた。それは、逆三角形の形に描かれた同社の組織図（左図参照）だった。一般的な組織図は正三角形で、上に上司、下が部下になっているが、同社のそれは違っていた。一番上が顧客であり、次が第一線で働く人。逆三角形の下に行けば行くほど上司になるというものだ。

同社の店長は説明した。上司の仕事は、その組織図の上にいる部下に対して、より働きやすいように＝部下の目標が達成できるように支援することにあると言う。「部下が〝私の上司〟である。〝私の上司〟のために仕事をしなければならない。そのためには、命令で動かすのではなく、〝私の上司である部下〟の目標が達成できるように一緒に考え、アドバイスをするのだ」。私自身も、ずいぶんと考えさせられた内容だった。

▼働きがいを与える

たしかに、部下には1人の個性として接するべきで、命令で働かせるものではない。そんなものは、甘い環境だと感じるかもしれないが、それは違う。同社の毎週の給与明細には、会社の求める1人当たり販売額と、本人自身の販売額が表示されていると言う。その二つの数値をもとに、各人が目標販売額を達成するように努力し、上司はそれをサポートするのだと言う。給与は歩合給であり、それが達成できない期間が続くと、退職せざるを得なくなるという厳しい環境にある。

働きがいとは、個人個人が自分の目標を見つけ、それを達成することにある。その働きがいを実現するために上司は存在し、部下をサポートするのだと言う。

店長に求められるリーダーシップとは、サポート力なのではないだろうか。

ノードストロームの組織図

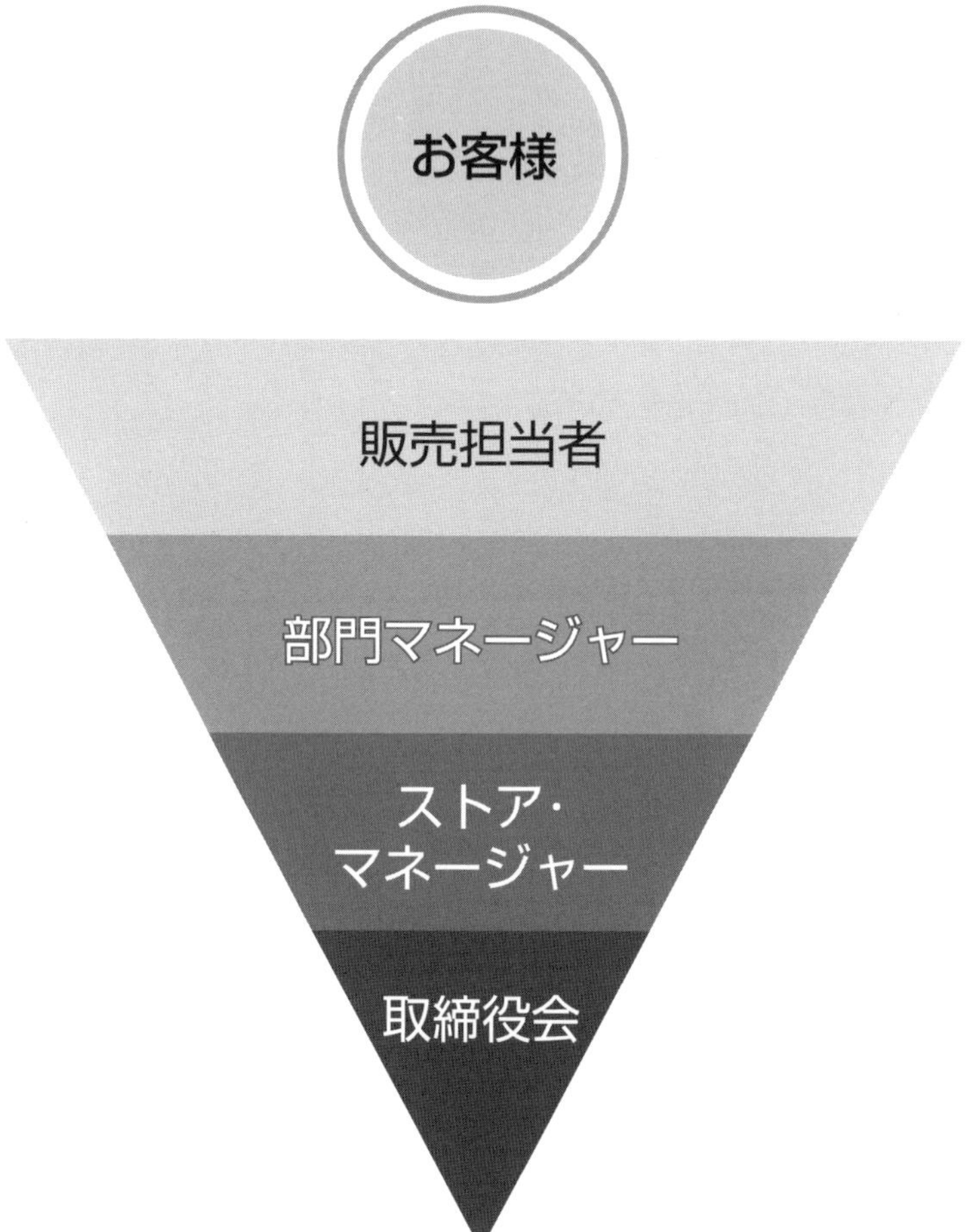

「私の上司は部下である」と
ノードストロームの店長は話した

2 パートの初出勤は店長自身が迎えよう

ある大手飲食企業の会長から聞いた話だ。

その会長自身が一押しした新店の売上が思わしくなかった。売上は計画の半分にも満たなかったため、責任を感じた会長は、自分自身でその店の営業チェックを実施したと言う。週に一度は必ず、その店の現場で営業内容を点検した。そして、店長との面談を繰り返した。

▼店長！　君は部下を見ていない

会長は、サービスの人たちの雰囲気があまりよくないことに気づいた。なぜなのか。主要なパートタイマーとの面談を行ない、その原因を探った。

結局は、店長と第一線で働くパートタイマーとの間に溝ができており、店長のリーダーシップが発揮されていないことで、みんなバラバラの状態だった。チームとしての力が発揮できずにいたのだ。

それは、新規開店のため店長がさまざまな仕事に追われ、パートタイマーへの初期教育（店の方針、店長としての価値観など）を自分自身で行なうことができず、部下任せになっていたことが原因だった。

会長はそれに気がついた。そして、「パートタイマーの初出勤時、必ず店長が迎えなければならない」とアドバイスをした。たとえそれが、店長の勤務時間外でも、公休日であっても、初出勤は必ず店長が迎える。そしてその日に、店の方針と店長としての考えを自らの口で伝えることを約束させた。

▼リーダーとして認められる大切さ

店長は反省した。そして、メンバーとの個人面談を重ねたが、ほとんどのパートタイマーは辞めていき、結果的には、新しい人と入れ替わっていった。

心機一転、店長は、会長からのアドバイスの、「初出勤は店長が出迎える」と「店長自身による初期教育」の二つを実施した。すると、店内の雰囲気は以前と大きく変わった。一体感溢れる店に変身したのだ。それから、6ヶ月後には、計画売上が達成できたと言う。

店の売上増減は、従業員の一体化によって左右される。店長として、店を一体化させるためのリーダーシップの基本は、意外に小さなことにあるようだ。

おはようござい
初出勤、ご苦労
店長の高木です
今日か
STAFF ONLY
welcome

3 採用が決め手！

「あなたは、どうしてこの店でアルバイトしようと思ったのですか。当店は厳しいですよ。やる気のない人には勤まりません。土、日曜日も出勤できなければ、採用できません。大丈夫ですか？」と、店長がパートタイマーの面接時に質問している。「はい、大丈夫です」と答える採用希望者。

1～2日後、その採用希望者から電話がかかってくる。親に反対されたとか、急に都合が悪くなったので働けなくなったなど、理由はさまざまだが、要は断わりの電話がかかってくる。よく耳にするケースだ。

▼「人」が必要なのか、「作業」が必要なのか

ある会社での営業会議のときだ。パートタイマーが不足しているという話が出た。どの店もそのようだ。店長1人ひとりに質問した。するとみんな、前述したような面接のやり方なのだ。慢性的な人不足のためか、ほとんどの店長が一方的な面接しか実施していない。

「相手の本当の希望や条件」に耳をかたむけていない。たとえば、小さな子供をかかえた主婦のパートタイマー希望者は、土、日曜日や、子供の夏休みなどは休日にしたいというのが本音だ。しかし、その店では、そんな本音を聞かず、一方的にこちらの条件しか言わない。彼らは「よい人」を求めているのではない。「作業」を求めているのだ。結果、断られるのが落ちなのだ。

▼「よい人」に「よい環境」をつくればよい店になる

勤務シフトの安定を求めても、いつも人不足に陥っているのは、「人」を求めていないからだ。

まず、勤務シフトの安定化のためには、①主婦は土、日曜日や、子供の夏休みなど、学校の休日は、すべて休ませる、②土、日曜日だけ出勤の人は、時給を高く設定して採用する、③夏休みだけといった期間型パートタイマーも、次の休みの期間に働けば時給アップ、その次の休み期間に働きに来ればさらに時給アップ、の3点を実施すればよい。

しかし、最大のポイントは「よい人」を採用することだ。加えて働きやすい環境を与えると、素晴らしい能力を発揮してくれる。

期間パートは継続特典あり
土日出勤は時給アップ
主婦は休日出勤無し
親がやっぱりだめだって言うもんで
急に都合が悪くなっちゃって
実は子供が熱を出しまして

4 入店時と退店時、店長の一言が大切！

パートタイマーが入店する。「おはようございます」と店長が声をかける。帰るときは「お疲れさま」――どこの飲食店でも見られる挨拶だ。しかし店長として、これらの言葉以外に、個別のパートタイマーにどれくらいの言葉をかけているだろうか。作業指示はするかもしれないが、「リーダーとしての言葉」は十分だろうか。

▼タイムカードを活用しよう

実際、思ったほど個別には話をしていないものだ。個々のパートタイマーは、全体の中の1人として店長から扱われるより、一対一の個別対応をされたほうが、やる気を起こすのは当然だろう。しかし、なかなかそんなチャンスは見つけられない。そんなときは、タイムカードを活用すれば上手くいく。

出退勤のとき、必ずタイムカードを打刻する。そのカードは、本人自身が店長に手渡す。店長は、タイムカードにサインをして本人に返す。そのときがチャンスだ。本人に向かって一声かけてほしい。「今日も元気で、スマイルで」とか、「お客様に呼ばれたら、元気よく返事してね」など、個別に今日の目標や日頃気になっている点を伝える。これを、出退勤時の2回実施すれば、店長としての考え方を浸透させやすくなる。

▼「セルフチェックシート」でさらにやる気づくり

もう一歩、積極的に取り組んだ方法が、「セルフチェックシート」だ。私の知っている繁盛飲食店で実施し、高い効果を上げている。

サービスや調理の重点項目を五つほどピックアップし、名刺サイズぐらいの大きさのカードにその項目を記入して、チェック欄をつくる。出勤時にそのカードを各自に渡し、退勤時にその5項目を自己評価させ、店長に渡してもらう。店長は、そのシートにサインしながら、本人に励ましの一言をかける。その繁盛店では、「セルフチェックシート」を、能力に応じて3段階に分けて実施している。自己評価と店長の一言が、やる気アップのための動機づけになっているということだ。

店長の個別対応による「やる気づくりの一言」を、大切にしたい。

おはよう
今日も張り切って
いきましょう
Self Check Sheet
今日も元気でスマイル
お客様に呼ばれたら
元気よく返事してね
はーい
8:45 26

5 役割分担がやる気をつくる

かなり以前になるが、新田次郎氏の書かれた『八甲田山死の彷徨』という実話をもとにした小説を読んだことがある。対ロシア戦争の想定訓練のために、厳冬の八甲田山に登って帰還するという課題を2人のリーダーに与える。2人はそれぞれの計画を立案して挑戦するが、一つのチームは、全員無事帰還したにもかかわらず、もう一つはほぼ全滅という結果に終わったというものだ。

▼役割は1人ひとりに当事者意識を持たせる

なぜ結果は、極端なまでに分かれたのか。その一因は、「役割意識の差」の大きさだと思える。ほぼ全滅したチームは、210名という多人数の構成であり、部下は「指示・命令」のみで動かされていた。しかし、危機に襲われたとき、指示・命令ではチームは機能しなかった。結局、組織はバラバラの状態に陥って壊滅する。

しかし、もう一つのチームは38名と、意思疎通が可能な少人数に絞り込まれていた。そして、寒中行軍や寒中装備に対する研究課題を各自へ「役割」として与えたため、1人ひとりが当事者意識を持ち続け、組織はリーダーの下で一体化した。その結果、計画を達成した。役割は、チームの一体化と個人のやる気をつくるのだ。

▼「今月の当番」という役割

飲食店もまったく同じだ。生産性の高いチームにするためには、店長の指示・命令という一方的リーダーシップではなく、役割を各自に与え、当事者意識を持たせるのがコツだ。ある繁盛店の店長は、「今月の当番」という役割分担を実施している。その店では、①声出し、②ロッカー整理、③トイレチェック、④スマイル、⑤売上表作成、⑥5項目の推進、という六つの役割をピックアップし、1ヶ月交代で担当リーダーを決めている。

たとえば、声出しリーダーは、自分が率先して声出し（いらっしゃいませ、など）を行ない、店内の活気感がつくれるようにするのが役割だ。5項目推進リーダーは、みんなのやる気が途中で消えないよう、5項目が目標どおりに推進しているかを中間で評価し、みんなに発表する担当だ。この「今月の当番」の実施で、一体化とやる気がつくられることは言うまでもない。

月度　当番

役　割	到達目標	担当者	店長からの要望	
①声出し	全員のモデルとなること ①元気よく ②はつらつと ③お客様を見て		1―15	
			16―末	
②ロッカー整理	どんなときにもロッカーが整理整頓できている ①ユニフォームの整理整頓 ②ハンガーの利用 ③整理整頓・そうじ		1―15	
			16―末	
③トイレチェック	快適な環境のトイレにする ①鏡はピカピカ ②ごみは落ちていない ③ピカピカの便器		1―15	
			16―末	
④スマイル	全員のモデルとなれる笑顔の実施 ①明るく ②スマイル ③アイコンタクト		1―15	
			16―末	
⑤売上表の作成（記入）	カテゴリー別売上を毎日記入 ①目標達成印の記入 ②出勤時に記入		1―15	
			16―末	
⑥５項目推進	５項目を上手く推進できるよう、各担当者に声をかける ①相談に乗る ②声をかける ③チェックする		1―15	
			16―末	

6 「パートナーノート」を活用しよう

▼何となく店に来たくなるノート

あるお付き合い先の店長が、アルバイトのAさんから「パートナーノート」をつくることを提案された。店長がその内容を聞くと、従業員同士で利用するコミュニケーションノートらしい。どうして、そのノートが必要なのか、さらに店長がたずねると、Aさんが以前に働いていた飲食店で実施していて、「ノートに思ったことを書いたり、他の従業員の書いた内容を読んだりするのが楽しみになり、何となく店に来たくなったから」と答えたと言う。店長は、素直にAさんの意見を聞き入れ、そのノートをつくってみることにした。

そのノートを実施してから、2～3ヶ月が過ぎた頃、店長はAさんにパートナーノートのことをたずねた。すると思いがけない言葉が返ってきた。「あのノートは面白くないので、もう書いていません。店長は読んでいないのですか」。店長としては、従業員同士のコミュニケーションの一環になればと思い、そのノートを設置したので、自分自身は二～三度、目を通しただけだった。

改めてそのノートを見てびっくりした。そのノートの中に書かれているのは、店の批判ばかりだった。

▼店長とのコミュニケーションツール

店長は慌てたが、もう一度そのノートをスタートさせようと考えた。そこでノートに、①他人の悪口は厳禁、②店への提案大歓迎、③毎日、私自身（店長）もこのノートを見ます、と三つの約束を記入した。そしてまず、店長の店に対する考えをノートに記入した。

店長は毎日、そのノートに目を通した。そして従業員のコメントには、必ず返信のコメントを記入した。それを続けて1年。店は明るい雰囲気に変わり、定着率が高まったらしい。

どうして、そんなに変わったのかと聞くと、一番変わったのは、自分自身だと言う。店長として、ノートを通して、個人個人とコミュニケーションをとる大切さがわかったらしい。ノートで気になるところがあると、本人とも個人面談すると言う。「パートナーノート」の活用で、店長自身も活性化されたようだ。

うーん
それはどうかな？
だいたいさあ
いいと思うけど
むずかしいな
まあまあ
マジで？
たとえばこんなのどう？
その前に、もっと大事なことあるじゃん
PARTNER NOTE

7

「時給リスト」も使える！

千葉にある繁盛店のレストランの店長が、「パートタイマーの時給リストは大切ですね」と言って、そのリストを私に見せてくれた。

それは、彼が店長になってから始め、もう2年分のリストになっていたが、実にシンプルな表だった。1年、12ヶ月分の欄があり、パートタイマーが採用された月に、その名前と開始時の時給を記入し、昇給したときには、その該当月に昇給した新時給が記入されてあった。

▼給与明細の手渡しと一声

その店長は、給与明細は必ず自分自身の手で渡し、そして一言、声をかけるように心がけていると言う。私もある飲食業の上場企業の社長から、「人は給与をもらうなど、うれしさを感じたときには素直な気持ちになる。そんな心の開いたときに人から受ける言葉は印象に残りやすい」と言われたことがある。その社長も、幹部には手渡しで給与明細を渡していると言う。

逆に言うと、そうした機会は相手に伝えたい一言を口にするチャンスでもあるのだ。その店長が、給与を手渡すときの一言を大切にしているのもよく理解できる。

▼「時給リスト」でやる気が湧く一言を！

店長は、そんなときに役立つのが時給リストだと言う。そこには、パートタイマーの採用時の時給、昇給した月と新時給、昇給理由のポイントなどが記入されている。それを見ると、どれくらいの期間、昇給していないかなどは一目瞭然である。店長は、給与明細の手渡しのときには必ず、その一覧表に目を通すと言う。

そして本人に、「もう、6ヶ月間も時給が上がっていないぞ。もっと笑顔の接客ができれば、時給をアップできるからがんばれよ」とか、「3ヶ月前に昇給したばかりだけど、新人教育を一所懸命してくれるので、今月また昇給したぞ。この調子でがんばってほしい」といった感じで、声をかけているらしい。

するとパートタイマーは、非常にやる気を見せると言う。店長が個別に一声かけることで、彼らのやる気をサポートしているのだが、その際にこの「時給リスト」が、大いに役立つツールになっているのだ。

よく頑張ってくれるので
少しだけど上げておいたよ
新人の指導の方でよくやってくれるんで
助かるよ　少し色を付けておいたからな
もう少し接客で頑張ってくれたら
上乗せしてあげるんだけどな
しばらく時給据え置きになってるな
遅刻やミスを減らせれば
上げてやれるんだけど
㊙

2章

ダントツ一番店 10の繁盛法則

第7法則 「利益」は計画で生まれる
——利益管理の繁盛法則

1 利益は計画で生まれる

多くの飲食店でのワークスケジュールは、1週間単位だ。理由は、パートタイマー（アルバイト・パート）の予定が把握しきれず、シフト計画が立たないからだと、お付き合いする飲食店の店長からよく聞く。

▼シフト計画は1ヶ月単位が基本

しかし、1週間というような短期シフトでは、利益は生まれにくい。ワークスケジュールの基本は、1ヶ月間での作成だ。アメリカのように週単位で損益を管理している場合は、1週間でワークスケジュールを作成すればよいのかもしれないが、日本の場合は違う。売上や収益の管理は1ヶ月で行なうのが一般的だ。

1週間で売上を集計し、その週の生産性を計算する。その結果を反映させ、翌週のシフトを作成する。こんな流れでシフト計画をつくる店長は少ない。多くの店では、1週間で組んだシフトをそのまま、毎週繰り返しているというのが実際のところだろう。

これでは利益は出ない。利益は計画によって生まれる。そのためには、損益管理の単位である1ヶ月でシフト計画を作成するのが基本だ。

▼シフト組みは売上が基準

パートタイマーも、月単位でどれくらいの給与がほしいのか考える。しかし、パートタイマーの希望に反して、人件費を抑えなければならないときもあるだろう。そのようなとき、1週間でのシフトでは短期すぎて、パートタイマーの希望と店サイドの収益管理とを調整することは非常に難しい。しかし、1ヶ月という長い期間で考えると、時間数のコントロールがしやすくなる。

ワークスケジュールは、パートタイマーの希望を基準に作成されるものではない。基準は売上だ。月間の見込み売上に対して、店が基準とする人時売上高などで計算し、月間の総労働時間数を算出する。その総時間数を、日々に割り振っていく。これが基本的な手順だ。

経費の大部分は人件費で占められる。その経費を大切にしなければ、安定的な利益など生み出せない。店長に、人員を計画的に使うという体質が身につけば、利益は安定的に生まれてくるようになるはずだ。

1

来月見込み売上　÷　人時売上高　＝　来月の総労働時間

（例：4500円～3500円）

2

来月総労働時間　÷　33.6日　＝　平日時間数

⇧

	日数	時間基準	平日換算	
平　日	22	1	22×1＝22	33.6日
土曜日	4	1.3	4×1.3＝5.2	
日曜日	4	1.6	4×1.6＝6.4	

⇩

平日時間数を1としたときの差
※あなたの店に合わせてください

3

① 平日時間数 ──→ 平日
② 平日時間数×1.3 ──→ 土曜日時間数
③ 平日時間数×1.6 ──→ 日曜日時間数

この時間を基にして、1ヶ月のシフト表を作成する

2 適正定員が利益をつくる

東京や大阪の周辺といった都市圏を中心に、多業態の飲食店を多店化している企業がある。その会社のある店長が、担当の営業部長から受けた研修が大いに役立っていると言う。その研修を通して、今まで考えたこともなかった「適正定員」という考え方を知り、担当店の利益向上に大いに役立っていると言うのだ。

▼理想のワークスケジュールをつくろう

その研修のテーマは、「理想のワークスケジュール（シフト表）を作成する」というものだ。B４サイズの紙の左端には氏名の空白欄が、横には日付が1日～31日まで並んだ空のワークスケジュール表だ。自分の店の前月のワークスケジュール表を資料として、前月の売上を基準に理想のワークスケジュールをつくるという作業だ。

与えられた課題は二つ。一つは、前月実績の人時売上高と同じか、可能であれば超えること。二つ目は、現状の在籍人員数（タイムカードの数）を増やして、月間シフトを作成する、というもの。

ただし、現在、在籍しているパートタイマーのシフトは、現状の条件で固定的に考えず、自由に組み替えてよいという条件も与えられた。在籍しない人は、ＡＢＣというように仮名をつけて作成する。

▼適正定員がわかった！

理想のワークスケジュール表が完成した。すると、どうだろう。先月の人時売上高と同じに作成したのに、接客担当の在籍者数（定員数）だけで８人も増員できた。この在籍者数なら、急な欠勤者でも補充しやすい。シフト作成に余裕があるのは一目瞭然だった。しかも、アイドルタイムの時間数が先月よりも少なくなった。逆に、ピーク時間帯には、今までより増員できている。お客様へのサービス力が高まることは、言うまでもない。

適正定員は利益をつくる。実際の在籍数が適正定員より少なくても多くても、シフト時間数のロスが生まれる。時間数のロスをなくすためには、店の適正定員を把握したほうがよい。そのための最適な方法が、「理想シフトの作成」だ。シフト時間数のロスだけではない。総時間数は同じでも、ピーク帯の人員数増加も可能になる。

適正人員の目安計算

昼・夜営業……1
夜営業…………0.7

$$月商 \div 営業日数 \div \sqrt{\frac{客単価}{1000円}} \times 営業時間$$

$$= 適正人員の目安$$

少ない在籍者数 ＜ **適正人員** ＜ 多い在籍者数

少ない在籍者数	多い在籍者数
①1人当たりの1日労働時間が長い ②休日が少ない	①希望給与の関係からやや過剰配置傾向大 ②仕事の熟練度が低い
労働意欲の低下 時間ロス	低生産性
人件費比率大	**人件費比率大**

3 売上予算と売上見込みとは違う

「皆さんはシフト組みの際に、何を基準にしていますか」。営業会議に参加して、店長にこんな質問をすることがある。多くの店長は、月間の売上予算を基準にしている。

なかには、月曜日から日曜日までの1週間のシフトを固定的に決めていて、それを基準にしている店長もいる。しかし、どちらもあまりよい方法とは言えない。

▼予算と実績には差が出るのが一般的

店の月間売上予算と実績とは、一致しているだろうか。一致していれば問題はない。実績が予算を上回っている場合も同じだ。しかし、実績のほうが低い場合に問題が起こる。現実的にはこのケースのほうが圧倒的に多い。

というのは、店長が売上予算でシフトを組んでいると、人件費比率は予算の比率よりも大幅に高くなってしまうからだ。これでは、利益など出るはずがない。

なぜ、こんなようなことが起こるのか。予算よりも売上見込みが低いと、消極的な営業だと経営者から怒られるためか、店長の利益意識が低いかのどちらかだろう。

しかし、シフトのように損益に直接からむ経費は、見込み売上の数字を基準にして計画する必要がある。

仮に、実績が売上見込みを上回ったとしても、生産性が1・2～1・3倍くらいまでなら、お客様に迷惑をかけるようなことは、まず起こらない。逆に収益は、大きく貢献する結果が出るだろう。

▼シフトを組むのは売上見込みを基準に

ある大手企業の店長研修を行なっていたときのことだ。売上見込みと実績との差は、平均的にどれくらいあるかという質問をした。するとある店長が、千円単位まで正確に見込めた経験があると発言した。月間見込みと実績との差は、わずか数百円。月間売上が1000万円台の店で、こんなに正確に見込めるのかと驚かされた。

しかし、そんな超人的な見込みなどは必要としない。1ヶ月の実績売上に対して、見込みが5％前後の差なら、誰でもできる。前年の売上、直近2ヶ月の売上動向の二つを把握すれば簡単に見込める。

売上見込みでシフトを組む。それが利益体質の基本だ。

売上予算と売上見込みとは違う

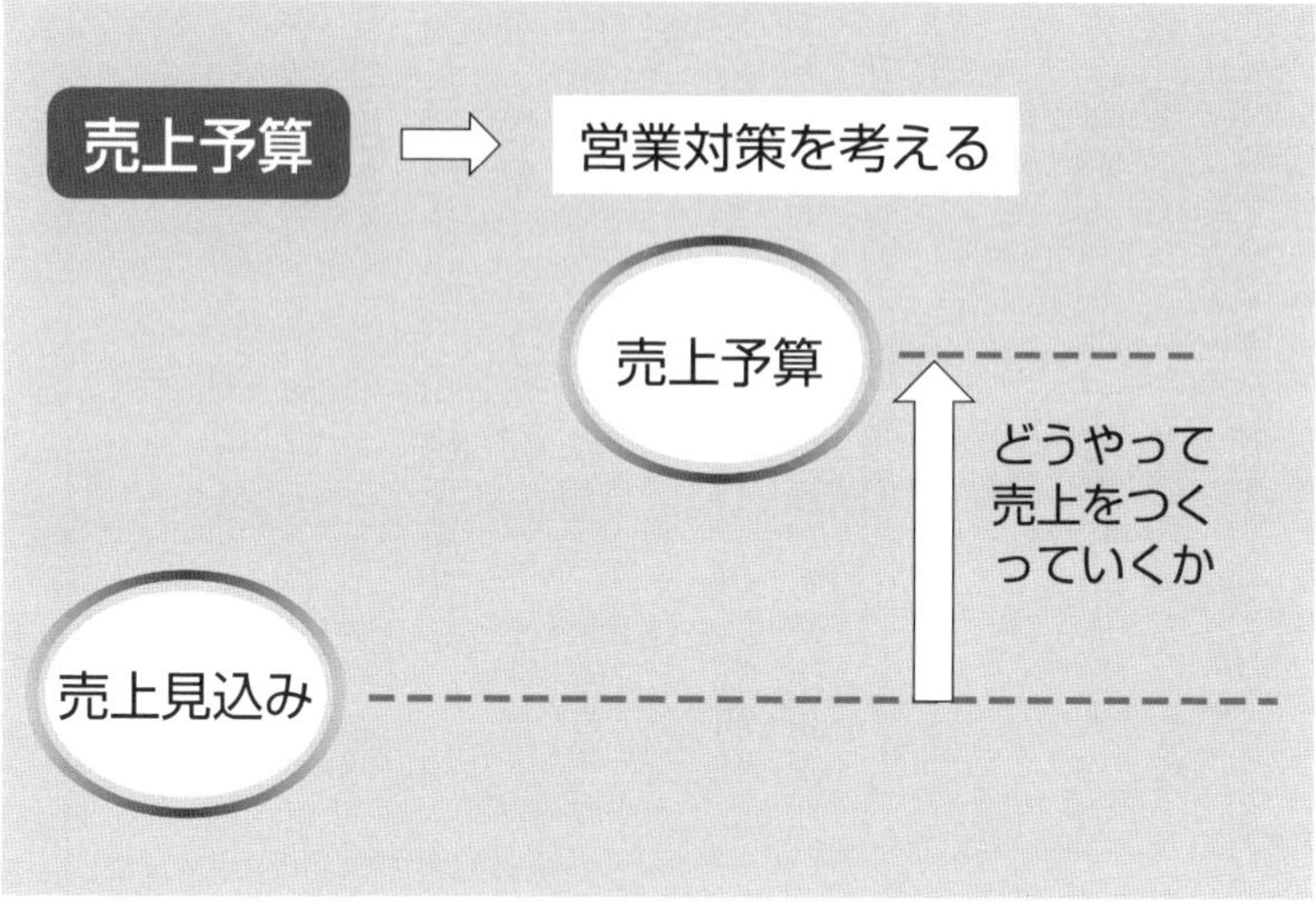

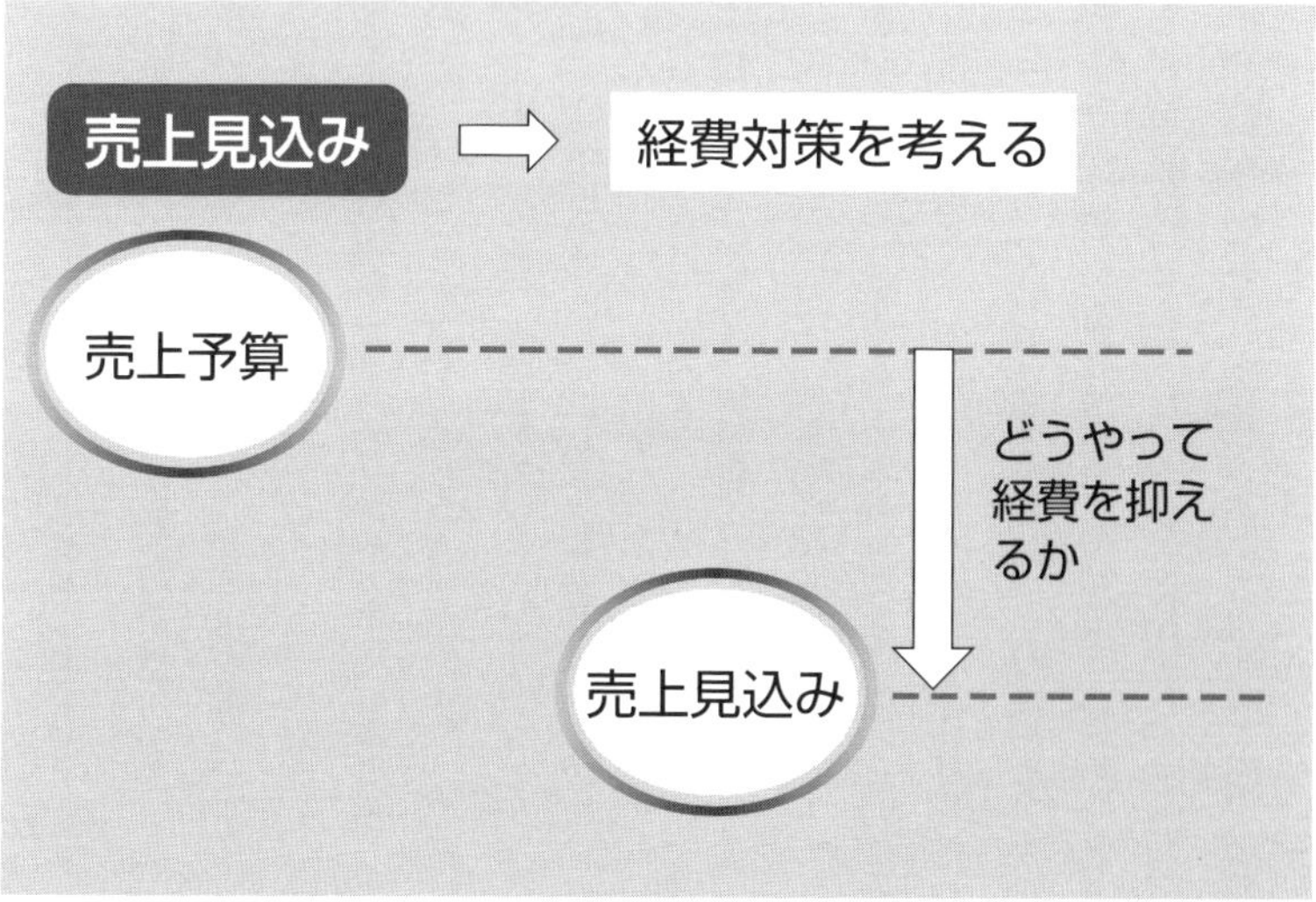

4

メニューカテゴリーの売上で人員を考えよう

ある飲食企業が経営する居酒屋では、開店から3年、一度も利益が出ていないと言う。利益化のためにどうしても売上アップが必要だが、その前に、メニューカテゴリー別の売上を整理してみた。

▼カテゴリー売上を把握すれば、利益が見える

揚げ物、焼き物、刺身というように、メニューカテゴリー別に1ヶ月の売上を整理した。そして、そのカテゴリー別の粗利を計算する。その店の刺身売上は月間35万円だ。刺身の平均の粗利率が60%で、刺身の月間粗利は21万円となる。すると、その場にいた経営者や店長が目を丸くした。というのは、刺身は調理長が担当しており、調理長の給与は約35万円。刺身のカテゴリーは赤字ということに気づいたからだ。

このように、カテゴリー粗利とそれを担当する人のおおよその人件費を計算していくと、利益の出ているカテゴリーはたった一つしかなかった。それは揚げ物で、ショックだったのは、その担当者がアルバイトだったことだ。社員担当のカテゴリーはすべて赤字だった。

▼伸ばすカテゴリーと整理するカテゴリー

現状のメニュー構成のままで売上を伸ばしても、収益にはつながりにくいことがわかった。そこで、伸ばすカテゴリーと整理するカテゴリーを考えてみることにした。

その店では海鮮を主力としていたため、刺身は、現状が赤字であっても、「強化カテゴリー」としての対策が必要だ。日替わりメニューや産地直送の導入、価格構成も見直した。揚げ物は、唯一の利益部門だが、単純な作業ですむため、やはり「強化カテゴリー」とし、さらに品揃えを強化し、売上の伸びる方向で検討した。問題は炒め物だ。当然、赤字のカテゴリー。作業的に複雑なため、社員の担当だ。売れ筋商品が2品目あったが、思い切って「整理カテゴリー」として、全商品をやめた。

このような検討を繰り返した結果、社員1名とアルバイト2名が削減できたのだ。なんとその店は、変更後、初月で利益が出た。「強化カテゴリー」もその後、順調に売上を伸ばし続けた。カテゴリーというように、小さく考えることが利益を生むコツだ。

カテゴリー	カテゴリー売上	粗　利	担当人件費	判　定
		A	B	B÷A＝　　　％ ◎・○・△・×
		A	B	B÷A＝　　　％ ◎・○・△・×
		A	B	B÷A＝　　　％ ◎・○・△・×
		A	B	B÷A＝　　　％ ◎・○・△・×

※B÷A ＝30％以下・・・◎
＝40％以下・・・○
＝60％以下・・・△
＝61％以上・・・×

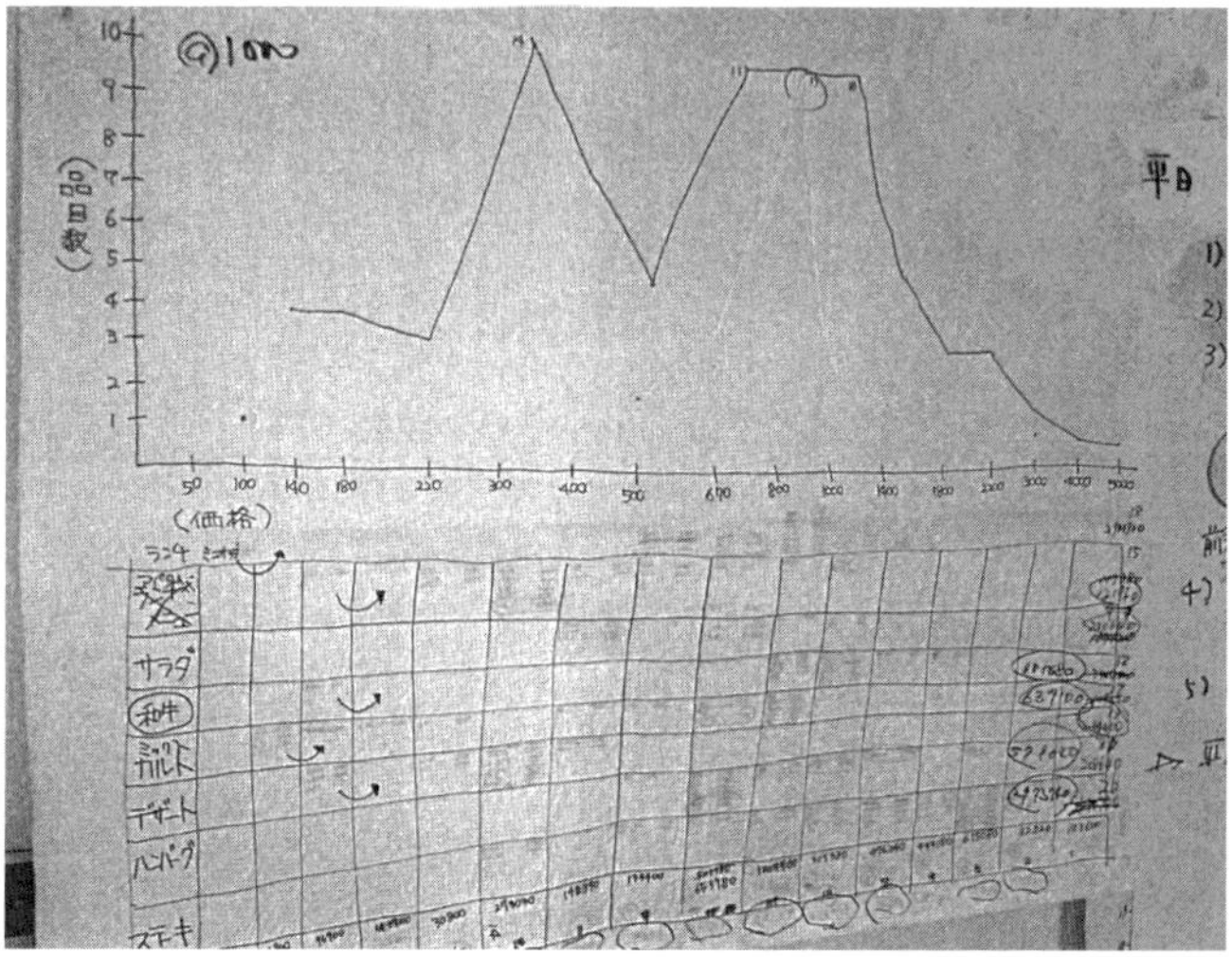

カテゴリー売上高をもとに品揃えを考え、収益の出る対策を打つ

5

30分だけの変動シフト

「パートタイマーの人件費は変動費ですか。それとも固定費ですか」――ある飲食店の営業会議でこんな質問をした。質問を受けた店長は当然のように、「社員は固定費ですが、パートタイマーは変動費です」と答えた。たしかに正しい意見だ。しかし私は、「パートタイマーも固定費だよ」と、意地悪な返答をした。

▼固定費的になっていないか

たとえば、ワークスケジュールを決める。来月の1ヶ月間でも来週の1週間のどちらでもいい。そのシフト計画でスタートする。しかし、予定していたより売上は伸びない。でも一度、パートタイマーに発表したシフト計画だから、簡単には変更しづらい。

一度決めたことだから、売上が予測より少なくても、「明日は売上が伸びるかも」といった変な希望を持つ。逆に売上が予測より伸びていると、「これではサービスが低下する」と考え、人員増の対策を打つ店長が多い。予測より売上が伸びたときは人員増。逆の場合は最初の予定どおり。これでは、変動費のパートタイマー人件費も、固定費と言わざるを得ない。もちろん利益も出ない。

▼店長も経営者意識を持とう

では、これはどうだろう。サービス、キッチンで1人ずつ、「30分変動シフト」をつくるのだ。これならば、変動費としてとらえやすい。店が暇だと感じたとき、30分だけ早く帰ってもらうのだ。サービス、キッチンに各5名ずつのパートタイマーが働いていると仮定しよう。その人たちが毎日30分早く退勤すると、時給1000円だと月間15万円、年間なら180万円の経費コントロールができる。1500万円の売上なら1％の経費コントロール、1000万円で1・5％が可能となる。

各自、週に一度だけのことなら、本人にとってもそれほど苦にはならないだろう。もし、パートタイマーが納得するなら、30分を60分としてもいいだろう。

変動シフトは、計画の段階で点線で記入する。たとえば、14時までが勤務時間なら、13時30分までが実線で、そこから14時までを点線にするとわかりやすい（左図）。こんな経費意識こそ、店長に求められる経営者意識だ。

月間スケジュール

※変動シフトの日に○印

氏　名	1日	2日	3日	4日	5日
A	12時～17時	12～17		12～17	12～1
B		10～14	10～14		10～
C	10～14		10～14	10～14	
D		12～17	12～17		12～1
E	12～17		12～17	12～17	
F					
G					

毎日のスケジュール

※変動時間は点線で記入

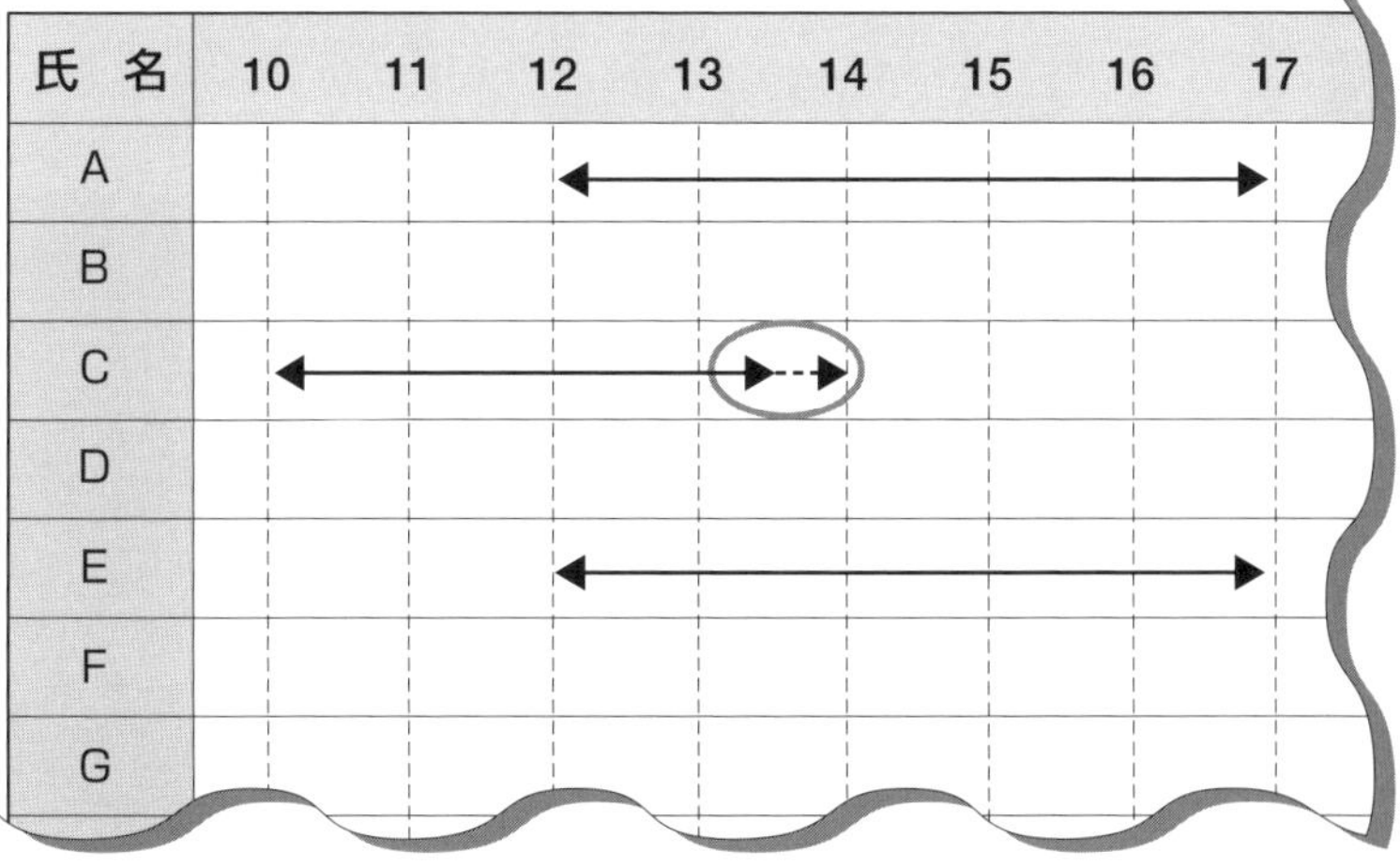

6 定物定位置が管理の基本

九州で、和食的な飲食店を30店ほど展開する会社の営業部長と一緒に、現場営業チェックで臨店をしていた。ある店のバックヤードに入って行ったとき、ずいぶん整理のできていない店だなと感じた。

休憩室に入ってみると、さらに驚かされた。テーブルには吸殻が山盛りになった灰皿が4～5個。その周りには、何冊もの漫画や雑誌が雑然と放置されていた。休憩室以外のキッチンや店内も、似たような状態だった。

▼店内環境は、店長の考え方を表現したもの

そのとき、営業部長はその店長をかばった。「現場の仕事が忙しいし、まだ店長も若いので、バックヤードまで気が回っていかないのでしょう。後で私から注意しておきます」。しかし、私は気になってしかたなかった。店の環境は、店長の考え方が表現されたものだと思っているからだ。そのために、「店の表現→店が雑然として汚い＝店長の考え→考え方が乱れていて、公私のけじめがつかない」のではないかという不安が残った。

不安は実現した。その店長が、店の売上金を持ち逃げしてしまったのだ。すべてその店長の問題である。しかし、「店は店長の考え方の表現されたもの」というように考えていれば、経営幹部のサポートによって、このようなことは未然に防げたかもしれない。

▼定物定位置が管理の基本

すべての管理の基本は、「定物定位置」だ。つまり、店で使うものはすべて置き場所を決めておき、使った後は必ず元の場所に返すということ。まさに躾だ。躾は、身が美しいと書くから、考え方や行儀が輝いている状態だと思う。たとえば、バックヤードの棚にある缶詰を2列で並べるなら、その状態が崩れないように使用していく。補充したときもその2列が3列、4列にならないように、2段に重ねたりする工夫が必要である。冷蔵庫も同じだ。定位置に、決めた幅で収納する。できれば、冷蔵庫の扉にシールを貼り、収納位置を表示するのも、定物定位置を実施する上でのコツだ。

物の整理には、店長自身の考え方が表現されていると考えてほしい。

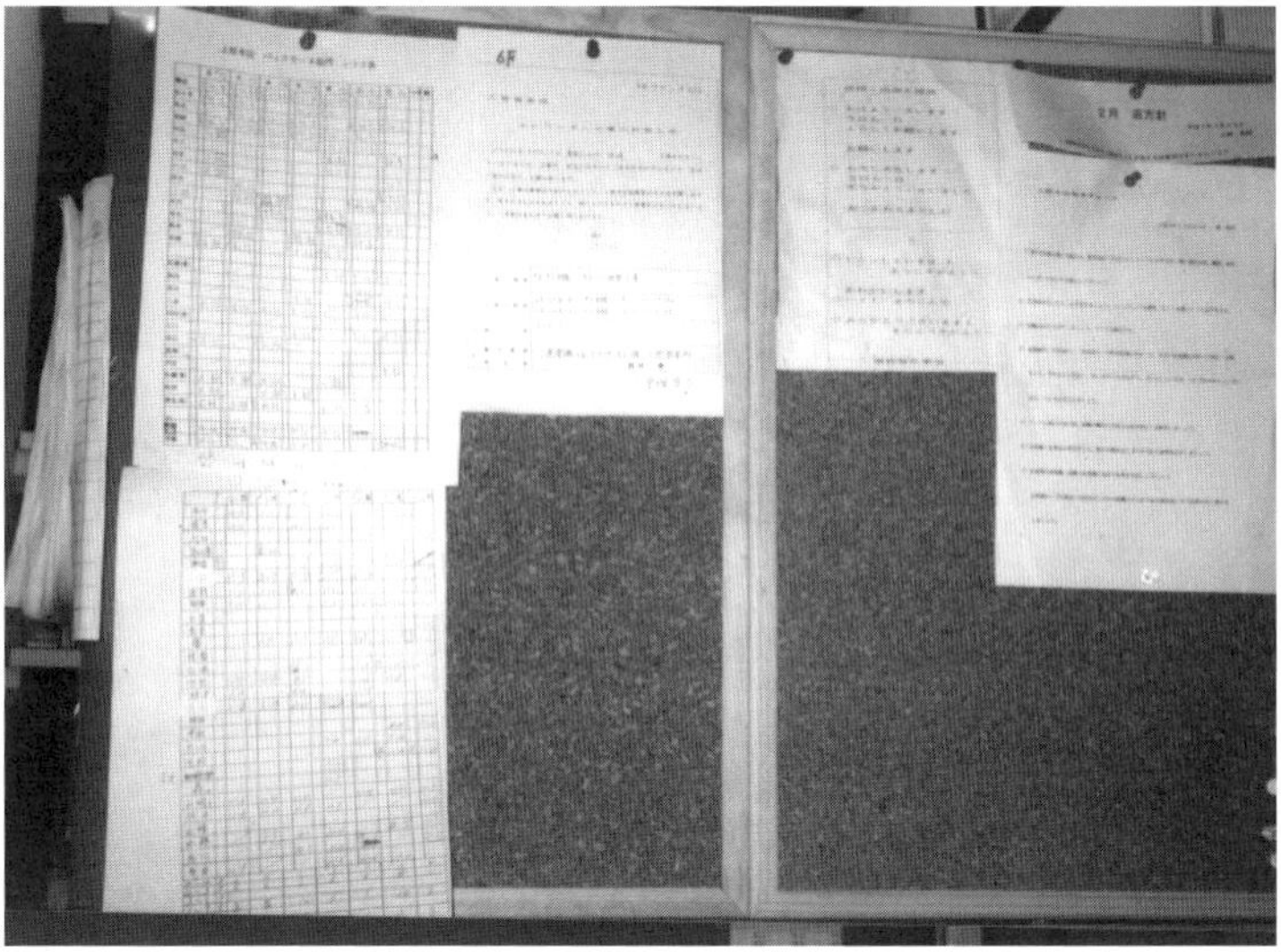

書類も整理して掲示する

冷蔵庫にシールを貼り、定物定位置を実施する

7

在庫は3日分

東京にある居酒屋での話だ。その店は原価率が高く、42％を超えていた。ところが、1品1品の原価率を調理長に確認してみても、42％にはならない。そこで、メニューを改定することにした。刺身という鮮度商品を主力にしていたため、ロスも十分に考えておく必要がある。その上で、想定原価率35％のメニュー構成にした。

その結果、1～2ヶ月は35％前後で安定した。しかし、3ヶ月目を超えたあたりから、原価率は上昇し始め、40％前後になってしまった。これでは元の木阿弥だ。

▼ロスは利益を生まない

単品標準原価率と販売数量を計算すると、35～36％になるのだが、現実は40％。さらに調理長に話を聞いた。ロスしか考えられないからだ。夜の営業での産直刺身メニューにロスはないかを確認した。「ロスは、昼のランチと宴会に落としているので問題はないですよ」と、料理長から言葉が返ってきた。

それで正しいような気もするだろうが、これは基本的に間違っている。実際、ロスに落とした食材でランチや宴会の原価率を計算すると、50～60％という高い数字だった。ロス品も、可能な限り利益を生むように再加工しなければならない。単純なロス落としでは、利益を生まないどころか、さらにロスを生むことにもなりかねない。

▼在庫過剰は見えないロスを生む

続いて、在庫金額を調べてみた。月末棚卸しのときの在庫額だ。1日平均の原価高で、月末の在庫額を割ってみると15日分。15日分の売上がつくれる在庫額が店に眠っているのだ。明らかに在庫過剰だ。在庫過剰は見えないロスを生む。多くの在庫を持つ店は、一つひとつの商品管理が甘くなる。商品材料の基準量を超す量をつけやすくなる。ロスが発生しないようにと、ランチや付き出しに落としたりする。挙句のはてには、メニュー変更して、もう使用しない食材が在庫として計上されている店すらあった。在庫の基本は3日分だ。先ほどの店も在庫3日分を目標に在庫量を減らすために、丁寧な発注を実施した。その後、原価率が標準原価へと安定し始めたことは言うまでもない。

在庫は3日分

（1）当月売上高 ÷ 営業日数 ＝ 1日売上高

（2）1日売上高 × 原価率 ＝ 1日当たり原価・・・A

●当月棚卸し在庫高 ÷ A ＝ 在庫日数・・・B

3日超在庫	＞	B ＝ 3日分（在庫日数3日分）	＞	3日未満在庫
↓		↓		↓
原価率が高い ロス率…1.5%以上		適正原価率 ロス率…0.5%		適正原価率よりも低くなりやすい ロス率…0に近い
↓		↓		↓
×		○		◎

ダントツ一番店 10の繁盛法則

第8法則 「成果」の発見が成長を生む
——やる気づくりの繁盛法則

1 「成果」の発見が成長を生む

大阪を中心に展開する中堅の飲食企業で、赤字の店舗が一つあった。開店して1年、一度も利益を出したことがない。しかも、店長は2ヶ月前にすでに退職し、リーダー不在のまま運営されていた。

その店に赴任したのがA店長。彼が、当時を振り返ってこう言った。「店での仕事を通して成功体験を持った人がいなかった。みんな、その日が過ぎればいいという感じで働いていて、やる気なんて少しも感じられない。やる前からすでに諦めている感じだった」。

▼まず、90日間の方向を示す

彼はまず、90日間で一つの成果を出そうと思い、その成果を「利益を出す」ことと設定し、全員ミーティングで、その旨をみんなに宣言した。そのための課題として、①人件費を下げる（現状36%を25%へ）、②経費を下げる（現状の10%削減）、③元気な挨拶（現状は挨拶も形だけ）、に取り組むと話した。

彼はこれだけでは伝わらないと考え、全員との個人面談を繰り返した。その結果、賛同を得られなかったパートタイマーたちは、店を辞めていった。

▼成功体験がやる気を高める

店長は、ある表（左図参照）をバックヤードに掲示した。そこには、三つの課題について、それぞれの現状と目標が書かれてあり、その横には、1ヶ月ごとの成果を書く空白欄が3ヶ月分あった。

1ヶ月終了するごとに全員ミーティングを実施し、その際、成果を空欄に記入した。課題の一つである元気な挨拶は、全員が具体的に取り組める内容だけに、1ヶ月目からかなりいい評価ができた。それをみんなに報告すると、スタッフの表情に笑みが浮かんだ。みんな、少しずつながらも成功体験をつかんだようだった。残りの2項目に関しても、1ヶ月の成果を詳しく報告した。

3ヶ月目、その店は黒字化し、それから1年間で売上比10%の利益を達成した。

リーダーが「成果」を全員に報告することで、個々人が自分自身の成功体験として感じる。これがやる気を高め、個人としてもチームとしても成功させたのだ。

3ヶ月目標	利益を出す

		成果		
		1ヶ月目	2ヶ月目	3ヶ月目
目標—①人件費	人件費を25%にする	評価 ◎・○・△・×	評価 ◎・○・△・×	評価 ◎・○・△・×
		成果報告		
	・現状—36%			
目標—②経費	経費を10%下げる（経費率3.5%以下）	評価 ◎・○・△・×	評価 ◎・○・△・×	評価 ◎・○・△・×
		成果報告		
	・現状—15%			
目標—③チームワーク	元気な挨拶	評価 ◎・○・△・×	評価 ◎・○・△・×	評価 ◎・○・△・×
		成果報告		
	・現状—形だけの挨拶			

2 「店目標」を公開しよう

「みんなの気持ちがまとまれば、売上は上がります。大切なのは目標です。目標をみんなと共有できれば、達成できると思っています。実際に、売上が上がったのですから」と、A店長が目をキラキラさせて言った。

▼店の目標を具体化してみんなに発表

A君が、郊外立地のレストランチェーンの店長になって1年半が過ぎた頃、仕事には慣れたものの、その反面、やる気が少しずつなくなっているのを感じていた。

それは、店長としてみんなに示す目標がなかったためだと気がついた。当時13店舗のうち、A店長の店は月商1200万円で7番目の売上だった。彼が店長になって以来、その順位は一度も変化していなかった。6位の店は1300万円弱、5位の店は1400万円の月商だったので彼は、容易ではないものの達成可能な内容として、5位の店を売上で抜くことを目標とした。

毎週実施の社員ミーティングで、その目標を発表。それをA3サイズの紙（左図）に記入し、パントリーに掲示した。全員ミーティングは時間的にできなかったが、パートタイマーには1人ひとりに目標を説明した。

▼経過報告で気持ちの一体化を図る

しかし、それだけでは盛り上がりが感じられず、経過を知らせるため、目標の横に5位のB店と自店の売上を毎日記入。B店と自店の毎日の売上累計を記入した折れ線グラフも作成。B店よりも売上が高かった日には、星印などのマークをつけ、全員にわかるようにした。

初月、そのマークは1日だけだったが、2ヶ月目、3ヶ月目と順調に増え続けた。3ヶ月目あたりからは、各自が具体的に取り組める、今月の目標を掲示した。「笑顔の接客」とか「丁寧な調理作業」など、比較的簡単な目標を設定し、毎週の社員ミーティングで、その徹底方法をみんなで話し合い、具体策を出し合った。B店の売上を上回ったのは6ヶ月後だったが、その頃には、1位の店舗の1日売上を抜く日も、月間に2、3日出始めていた。

全員に公開された目標の下で、一体化するチームの力のすごさを感じさせられた。

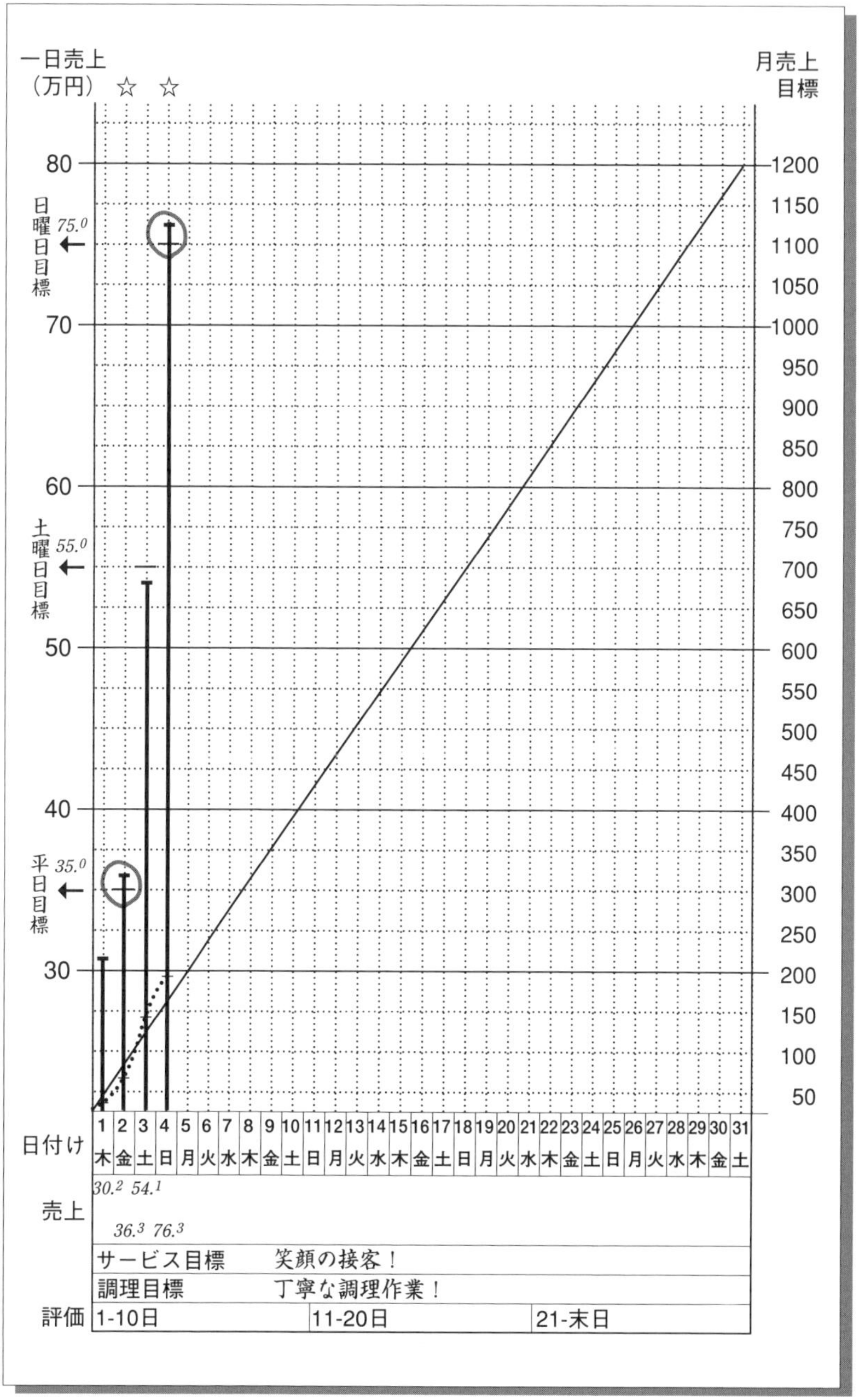
一日売上
(万円)
☆ ☆
月売上
目標
80
70
60
50
40
30
1200
1150
1100
1050
1000
950
900
850
800
750
700
650
600
550
500
450
400
350
300
250
200
150
100
50
日曜日目標 75.0 ←
土曜日目標 55.0 ←
平日目標 35.0 ←
日付け
1 木 2 金 3 土 4 日 5 月 6 火 7 水 8 木 9 金 10 土 11 日 12 月 13 火 14 水 15 木 16 金 17 土 18 日 19 月 20 火 21 水 22 木 23 金 24 土 25 日 26 月 27 火 28 水 29 木 30 金 31 土
売上
30.2 54.1
36.3 76.3
サービス目標　笑顔の接客！
調理目標　丁寧な調理作業！
評価　1-10日　11-20日　21-末日

3

「ギネス」に挑戦してみないか

中国地方に美容室を8店ほど展開する、ローカルチェーンがあった。小さな企業ながら、美容師コンテストで8年連続全国一を輩出するユニークな企業で、しかも、高い収益を安定的に計上する優良企業でもあった。

働く人たちは、非常に意欲的かつ積極的に仕事に取り組んでおり、それがすばらしい経営の原点と感じさせられた。

▼社内の「ギネス」制度をつくる

この会社では、「ギネス」という最高記録制度をつくっていた。カット者数や販売促進用パンフレットの配布数など、1ヶ月間にどれだけの数をこなしたかという個人別の記録である。

事務所の会議室に、社内ギネスが掲示されてあった。ギネスの項目は四つあったが、その一つの項目の記録を見て、美容に関する知識のない私ですら、びっくりさせられた。

1ヶ月のカット者数のギネスは990人。たった1人でだ。仮に、月25日間働いたとしても1日約40人。1日10時間働いたとして、約15分間に1人を休みなくカットし続けないと、これだけの数にはならない。

他の三つの項目も説明を聞いたが、やはり常識では考えられないような記録数だった。働く人たちは、この「ギネス」の記録を更新することを身近な目標とし、活き活きと働いているようだった。

▼上限に挑戦する意欲を維持させる

ギネスの記録を破れば賞金が出るが、それはわずか3000円。賞金という外的報酬よりも、挑戦して達成したという内的報酬（やりがい、ほめ言葉）が動機づけになっているのは明らかだった。

このギネスも、更新が繰り返されて何年も経過すると、誰も破れないほどの高い記録になってしまう。そこで、ギネスが2年経過するとその記録はなくなり、新しくスタートすると決めている。そうすることで、個々人が自分の上限に挑戦しようという意識が維持できるらしい。

この制度が、個人成長の一翼を担っていることは間違いないだろう。

New Record
そこに
GUINNESS
山が
あるからだ

4

「鏡の原理」を活用しよう

ある店長が悩んでいた。転勤したてで、店の運営が上手にできないと言うのだ。着任した店では、会社で決められたルールとは異なる部分が随所に見られるなど、その前に店長をしていた店とは運営方法がずいぶん違うと感じたと言う。

そこで彼は、全員ミーティングを開き、彼が思っていることを伝えた。

▼「鏡の原理」でメンバーの反乱が

その日を境に、店の空気が変わったと言う。店長が出勤し、元気よくあいさつをしても、同じようにあいさつを返すパートタイマーはごくわずか。ほとんどの人は、目を合わせずに、小さな声であいさつする。無視する人さえいるのだ。

彼は悩んだ末に、上司に相談した。すると上司は、「みんな一所懸命に仕事をしている。それなのに、いくら間違っていても、いきなり否定したら、みんなは君に対して心を閉ざすよ。少しずつでも信頼関係をつくり、その上でのアドバイスなら、君に心を開き、素直に耳を傾けると思うよ」とアドバイスした。

まさに「鏡の原理」だ。相手に与えたものが自分の受け取るものという、その教えどおりだ。パートナーとして一緒に働こうとする人たちに、いきなり「否定」を与えたのだから、自分もメンバーからの「否定」を受けたにすぎない。心の反乱を受けるのは当然と反省した。

▼まず、人を受け入れることが大切

店長は、1人ひとりと個別に話し合うことにした。自分の意見が素直に受け入れられるためにはまず、店長自身が相手の意見を受け入れなければならないと思い、これまでの仕事や店に対する各人の意見を聞き続けた。

個人面談を3ヶ月ほど繰り返すと、全員から積極的に、前向きな意見が出始めた。5ヶ月もたった頃には、ほとんどのパートナーがやる気を持って仕事に取り組んでいた。店長は「楽しい店です。みんなに一体感があり、やる気に溢れています。なにより私自身、仕事が楽しく、やる気に満ちています」と言う。

人を受け入れることの大切さを、痛感させられた。

信頼
信頼
鏡の原理
否定
否定

5 パートさん用スタンプラリー

固定客化のために、スタンプラリー式の販売促進がよく実施されている。全日空や日本航空などでも、搭乗距離が累計され、そのポイントによって特典を受けるといった、いわゆるマイレージを実施している。

▼パートタイマーが店に来たくなる仕組み

ところで、店にとってお客様は大切である。言うまでもないことだ。しかし、現場の第一線で仕事をするパートタイマーも大切だ。お客様が店に来たくなる仕組みは誰もが考えるが、パートタイマーが店に来たくなる仕組みについて考える人はほとんどいない。

一方、年々人不足で悩むことが多くなってきている。とくに飲食店は、立ち仕事であり作業量も多いため、敬遠され始めていることも事実である。

「店に来たくなる→何となく楽しい、少しやりがいを感じる」といった仕組みが必要になってきていることに気づいていない店長が少なからずいる。ある大手ファーストフードチェーンでは、パートタイマー用（パートさん、アルバイトさん）スタンプラリーを実施し、定着率とやる気アップの成果を上げたらしい。

無遅刻で出勤すると1スタンプ、50スタンプごとに景品や飲食券などがプレゼントされる。毎月、店キャンペーンがある。月間の目標がサービスとキッチンに出され、それを達成した人はスタンプが3ポイント。ちょっとしたゲーム感覚だ。

▼パートの1人ひとりと話をする

そのチェーンの店長に話を聞くと、そのスタンプラリーによって、一対一での話し合いが自然な形でムリなく行なえるようになったらしい。店長とパートタイマーとのコミュニケーションが増えたために店が活性化して、しかも明るい店内環境に変わったと言う。一体化した店の力を感じると、店長が話していた。パートタイマーとしてはスタンプの数が楽しみになり、店長としては1人ひとりとのコミュニケーションが図れる。

これからの時代、人不足は避けられない。よい人が定着し、やる気を持つ方法に取り組む必要度は、より増していくに違いない。早い取組みが必要だ。

■三顕商事スタッフスタンプラリー
所属　店　氏名
毎週勤時、店長にこのハンドブックを提出し、スタンプを1個もらって下さい。店長の判断により、ボーナスポイントがもらえます。
スタンプが10個たまるごとに100円の社内利用権を差し上げます。スタンプが120個いっぱいになったら店長に提出し、1日の有給休暇がもらえます。（アルバイト・パート勤務の方は8.5時間分）
◆ボーナスポイント一覧
特別元気が良かったら…プラス1ポイント
特別笑顔が良かったら…1ポイント
最高の接客が出来たら…5ポイント
新商品の試作が出来たら…3ポイント
試作が商品化したら…5ポイント
その他店長判断でポイントがもらえます
休暇願
スタンプ満了による有給休暇を平成　年　月　日に使用したく申請いたします。
店　氏名
＊休暇の使用は1ヶ月前までに上記ご記入の上、店長に提出して下さい。
フルーツケーキファクトリー
大かまど
三顕商事株式会社
011-251-7474
FAX011-251-7475

「パートタイマーが店に来たくなる仕組み」として有効なスタンプラリー

6

「お叱りハガキ」を活用しよう

すでに本書でも紹介しているが、「お叱りハガキ」とはお客様の声を集めるハガキだ。お客様の提案やクレームなどを集め、それを経営に活かしていることでは、アメリカ・コネティカット州の『スチュー・レオナード』という食品スーパーが有名だ。お客様の声の活用により、超をつけても足りないほどの世界的クラスの繁盛店をつくり上げている。日本でも、食品スーパーの『ジャスコ』など、さまざまな店でも取り組んでいる。

▼読むのも辛い「お叱りハガキ」だが……

私のお付き合い先の飲食店でも、多くの店が「お叱りハガキ」に取り組んでいる。しかし、経営者の方や店長に本音を聞いてみると、「辛い」という一言が返ってくるのも事実である。お客様のクレームのハガキが十数枚もあると、読むのも辛くなるときがあるらしい。

ハガキには、「お叱りメモ」といったコーナーがある。そこにお客様が、要望やクレームなどを書いて投函する。重要な内容の場合は、その対応をお客様へ返信する。ハガキは、対処方法を記入した後、店のバックヤードに掲示し、全員がそれを読むという流れの店が多いようだ。

本音としては辛いお叱りハガキを続けているのはもちろん、お客様の要望が営業に活かせるためである。また、店の課題も別の視点から見つけやすくなるためだが、他にも大きな利点がある。

▼ほめられることがやりがいになる

お叱りハガキの内容は、〝お叱り〟だけではない。店で重点的に取り組んでいることを評価して、ほめてくれることもかなり多い。パートタイマーの名前を書いて、その人の親切な接客をほめるといったものが多い店もある。群馬にある、ファミリーをターゲットにした郊外居酒屋などを展開する繁盛店の飲食チェーンでは、毎月の社内報でおほめベスト10を公開している。しかも、そこで名前が出た人たちの中からベストパートナーを選出し、表彰している。それがみんなのサービス力や商品力を高める成果につながっていると言う。

〝辛いハガキ〟であっても、店の努力はやはり報われ、やりがいという成果を生むようだ。

お叱りハガキ 12月

客思考プロジェクト

BEST

◎小山から来て初めて入ったのですが、落ち着きのある建物でとてもいい雰囲気です。シーザーサラダをその場でパフォーマンスで盛付けるのには感動しました。ステーキ皿の丸い石で焼くなんて、とてもいいアイデアです。お肉は柔らかく美味しかったです。小山には居酒屋どんさん亭しかないので、こんなステーキ店が欲しいです。

ステーキ桐生店

◎お店の人の感じが良かった。お客様が入ってきたら調理場奥から男の人の声も『いらっしゃいませ』と聞こえてきて、元気な声が良かったと思いました。また食べに来たいです。

ステーキ桐生店

◎今時の若者が集まる店の中で礼を正し、接客も教育がキチンとされていて、気持ちが良い店です。今の若者達が自然に礼を目から見なれて身についてくれたら良いですね。これからも接客教育の整った店でいて欲しいと思います。

海鮮大泉店

◎キッチンの中の『ありがとうございます』や『お願いします』の声が聞こえて、やる気を感じました。これからも続けて下さい。

旬鮮亭足利店

◎子供が食事中クズリ出してしまい、他のお客様にも迷惑をお掛けしてすみませんでした。その時、お店の男の方が子供にオモチャを持って来て下さって、子供の機嫌がよくなり助かりました。ありがとうございました。とても気の付く方で、明るい笑顔でよかったです。

ステーキ伊勢崎店

◎細かい点に気がきき、サービス業としては文句ないと思います。従業員教育が良く出来ており、大変満足です。

ステーキ伊勢崎店

群馬の飲食企業『サンフード』では、社内報を利用して、「お叱りハガキ」の内容を公開している

7 「サンキューカード」が長所を伸ばす

関西で繁盛店の美容室チェーンを経営する社長が、名刺入れの中から名刺サイズのカードを取り出した。その小さなカードには、「発見！　あなたの素晴らしさ」と書かれてあり、「これ、サンキューカードと呼んでいるものですが、ものまねなんです」と話された。

▼長所をほめて成長させる

あるとき、社長が飲みに出かけた店で、そこの従業員の女性が店長から何かをもらっていた。そのときの女性の表情が素晴らしいほど輝いたらしい。社長は気になり、その女性に聞いてみた。するとその女性は、小さなカードを見せながら、「これはサンキューカードといって、たとえば、笑顔がすごくよかったり、何かよいことをすると、店長からもらえるミニ表彰状です。このカードを何枚か集めると、ちょっとした特典がいただけるという仕組みです。これをもらうと楽しくなり、仕事にハリが出てくるんです」と説明してくれた。

社長は、自分の店でも実施しようと考えた。人は、欠点を注意して更生させるより、長所をほめたほうが人として成長すると気づいたためだ。

▼本人も伸びる、店長も伸びる

サンキューカードを30枚集めると、３０００円の報奨金がつく。本人ががんばっているところやよい点を見つけ、毎日朝礼時に表彰する。非常に単純な制度だ。しかし、当初は上手くいかなかったと言う。理由は、「人をほめる」ということに慣れていなかったため、店長がこのミニ表彰状を出す機会が見つけられなかったからだ。

そこで社長自身が、積極的にこのミニ表彰状を出すようにし、店長にも、月に30枚を目標に従業員を表彰しなさいという目標を与えた。店長もそれでふっ切れたようで、とにかく機会を見つけてはほめるポイントを探して、ミニ表彰状を出し続けた。

すると、店は大きな変化を見せた。ほめられた従業員が力をつけ、よりやる気を出し始めたのである。さらに大切なことは、店の成否を決めるリーダーの店長がとても明るくなり、人間的な成長を見せたことだ。〝ほめグセ〟――店長にとっては大切な習慣だ。

WONDERFUL CARD

発見！あなたの素晴らしさ。

小さな努力賞　　　　　　殿

以下の理由により、あなたに小さな努力賞を贈ります。

〔理由〕

年　月　日

○○株式会社　授与者氏名

大きさは名刺大で、財布や名刺入れに入るサイズ

2章

ダントツ一番店 10の繁盛法則

第9法則

“入口”商法で勝負しろ

——販売促進の繁盛法則

1 〝入口〟商法で勝負しろ

四国の高松に、ある海鮮居酒屋がある。120坪ほどの店舗面積で2・2億〜2・3億円（年間・夜のみ営業）を売り上げるから、繁盛店であることは間違いない。この店の集客力は、お値打ち商品の品揃えがつくっているが、販売促進もその集客力に大いに貢献している。

▼繁忙月対策こそが競合店に勝つ方法

一般的に、ほとんどの飲食店の繁忙月は同じだ。夏休みや春休みといった、学校の長期休暇が店の繁忙月となる店が多い。ということは、自店の繁忙月は、飲食マーケットが大きく膨れ上がる月になる。

その繁忙月こそが、売上を伸ばしやすいときだ。しかも、競合店も同じ月に売上が伸びるわけだから、繁忙月に自店の売上を伸ばす対策の実施こそが、競合対策にもつながる。そこをきちんと対応すれば、その後も売上を伸ばしやすくなり、閑散月の売上も伸ばすことが可能となる。

しかし、多くの店は逆に考える。繁忙月の売上はいいのだから、閑散月に売上を伸ばしたい、となる。ところがこれでは、「労多くして功少なし」という結果しか残すことはできない。

▼販促実施のタイミングは繁忙期の〝入口〟

繁忙月につながる学校休暇は、30〜50日くらいの長期間になる場合が多い。すると、その間にお客様は、二〜三度の来店が可能だ。これがポイントだ。販売促進は、「繁忙期の開始＝入口」に実施したほうが、効果は大きくなるということだ。

この考え方を上手に使っているのが、高松にある海鮮居酒屋だ。たとえば、夏休み期間という長い繁忙期間に、「刺身まつり」といった産直品揃えの販売促進で、お客様に〝興味〟を提案する。

そして、繁忙月の入口にあたる7月中旬あたりに、1週間ほど限定の「30％割引き特典」をつける。これがポイントになる〝入口〟商法だ。

この〝入口〟商法を上手に使うことが、同店のように超繁盛であるにもかかわらず、毎年売上を伸ばし続ける秘訣の一つとなる。

夏休みなどの繁忙期の入口にあたる７月中旬に販売促進を実施する

2 ピークタイム、ピーク月に売上を伸ばせ

「ピークタイムの売上を伸ばせば、全体の売上が上がることに気がつきました」と、大阪の郊外立地の飲食店で働く店長が切り出した。私が実施していた、店長育成スクールでの話だ。彼は、店で実施した成功事例を話してくれた。

▼偶然の気づき

彼の店の平日昼の売上は、7万円前後。100席の店だから、それほど忙しくはない。少し忙しい日もあったが、あまり気に留めていなかった。あるとき病欠者などが出て、店長は自分の公休を月曜日から木曜日に替えた。

その日彼は、2キロほど離れた飲食店に食事に出かけたが、定休日だったため、自分の店に食事に出かけた。

すると店は、お客様でにぎわっていた。気になった店長は、すぐに過去6ヶ月ほどの売上集計表に、昼の売上で平均よりも少し高い日に丸印をした。すると、月に一つか二つある丸印は、大半が木曜日だった。競合店の定休日ではないか。今まで気づかなかった自分が情けなかったが、だからこそすぐに対策を打つことにした。

彼は、思い切って木曜日に1人増員した。1ヶ月目は大きな効果はなかった。しかし、2ヶ月目には木曜日に日頃の倍となる14万円を売り上げたのだ。その後、木曜日の平均売上は13万円前後まで伸び、驚いたことに、他の曜日の昼売上も10万円前後にまで伸びた。

ピークを伸ばせば、他の売上も伸びるのだ。

▼ピークの売上をさらに伸ばせば全体が伸びる

彼は次に、ピーク月を伸ばそうと考え、実行する。

ピーク月の10倍が年間売上となる。ピーク月1ヶ月の売上を10％伸ばせば、年間でも10％伸びる計算だ。

彼は8月の売上を上げるために、7月に10％割引券を店周辺の200軒の家に配布することにした。そして、8月に、主力商品であるハンバーグの品揃えフェアを実施した。その結果、前年8月の売上1550万円に対して1680万円、108％のアップが実現できた。

それからの1年間、108％までは伸びなかったが、106・8％の売上アップが達成できた。ピークタイム、ピーク月こそ、売上アップに挑戦すべきチャンスだ。

7月、8月といった繁忙期こそ、売上を伸ばす対策が必要

3

自分の店の商圏をつかめ

お客様はどこから来るのだろうか。わかっているようで、あまり把握できていない。アンケートの回答者の住所などで、こんな遠くから店に来てくれているのかと感心することがある。それが印象に残り、商圏が広い「自分の店は遠くからお客様が来られています。」と言う店長もいる。しかし、これは自店の商圏を本当に把握できていないための発言である場合が多い。

▼アンケートの実施で商圏を把握しよう

あなたの店が、販売促進のために折込みチラシを実施するとしよう。いったい何枚撒けばいいのか、想像できないのは、商圏が把握できていないためだ。

簡単に商圏をつかむためには、アンケートの実施がよい。その1項目に、「どちらから来店されましたか」という質問を入れる。それを地図で集計すればよい。

住所の多い順に集計し、全体の90%までが実質の商圏となる。そして、住所別の多い順で三つに分ける。その三つを色分けして地図に塗り込めば、自分の店の強い地域がしっかりと把握できる。また、販売促進の実施に非常に役立つ資料ともなる。

▼商圏内マーケットとシェアを計算する

商圏内のマーケット（市場規模）は、次のように計算する。［マーケットサイズ（M／S）×商圏人口＝商圏内のマーケット］。M／Sとは1人当たりの年間支出額である。仮に寿司店の場合、M／Sは1万1000円、商圏人口が5万人とすると、5・5億円のマーケットが商圏内にあると計算できる。

［商圏内マーケット÷現状年間売上＝シェア］で、店のシェアがわかる。地域一番店ならば、26%のシェアがとれる。商圏内で26%ならば、それ以上、売上は伸びない。その商圏だけにチラシを打っても、まったく効果は上がらない。販売促進の場合、店の影響力が持てる範囲のシェアは11%だから、［現状売上÷11%（影響シェア）÷M／S÷2・5人＝販売促進用チラシ枚数］と計算し、販売促進を計画すればよい。

売上対策に手を打ちたいのなら、商圏は把握しておくべきだろう。

飲食業　業種別・業態別マーケットサイズ（M/S）

※2007年度版

業種・業態別	マーケットサイズ（M/S）
中華料理	10,000円
焼肉	4,800
そば・うどん	7,600
すし	11,200
喫茶	12,200
居酒屋	18,000
日本料理	7,800
お好み焼き・たこ焼き	2,100
ファーストフード	9,800
イタリアン	4,000
フレンチ	1,600
洋食・その他	800
ステーキ・ハンバーグ	1,400
和風FR	1,400
洋風FR	7,400
宅配	7,700
合計	107,800円

注：マーケットサイズとは、年間1人当たりの消費支出金額のことを指す。

売上の公式　マーケットサイズ × 商圏人口 × シェア ＝ 年商

●基本的なシェア●

一番店シェア……26%
二番店シェア……15%
影響シェア　……11%
存在シェア　……　7%

4

50％のお客様は初回来店で終わる

お客様は来店を重ねるごとに、その店に対する興奮が冷める。来店回数の2乗に反比例して、興奮度は減少するのだ。つまり、「お客様の興奮度＝１÷（来店回数の2乗）」とルール化できる。１回目を１００％とすると、2回目は25％の満足度になってしまう。１回目の来店で満足度が高くなければ、それで来店しなくなってしまう。

▼固定客化の難しさ

ある回転寿司チェーンで実施したアンケートの集計結果を見て、驚いてしまった。何年も営業している店でも、初めての来店がアンケートの15％を占め、2回目の来店も20％になっていた。アンケート上とはいえ、2回以内の来店客が35％も占めていたのだ。見方を変えると、固定客化できていないということだ。

固定客化のための、お客様来店管理をする専門の会社の方に聞いた話によると、一般的な店では来店客の40～50％が初回来店で来なくなっていると言う。この回転寿司チェーンでも、来店しなくなったお客様はアンケートには記入できないわけだから、初回来店15％の倍以上、30％以上は初回で終わっていると考えてもムリはないだろう。

▼3回来店で準固定客化する

「3回安定、10回固定」という固定客化の法則がある。ある一定期間に3回来店したお客様は、安定的な準固定客になり、10回来店を重ねると、固定客になるという意味だ。初回来店で、仮に50％のお客様が来店しなくなるとすると、このお客様に何かの販売促進活動で3回来店していただくことで、大きな売上の伸びが期待できることは考えるまでもない。

これも〝入口〟商法の一つだ。せっかく入口に入ったお客様は逃がさない。そのためには、入学や転勤などで生活環境が変化しやすい3～4月など、新規客が増える期間を中心に、「3回来店スタンプラリー」を実施すればよい。初回来店で1スタンプ。3回来店で５００円引きや10％割引きといった特典をプレゼントする。

「お客様入口はつくるが出口はつくらない」というのが、営業対策である。

来店回数によるお客様の興奮度の違い

興奮度＝1÷（来店回数）^{2}

①1回目……1÷（1）^{2}＝100%

②2回目……1÷（2）^{2}＝25%

③3回目……1÷（3）^{2}＝11%

固定客化の流れ

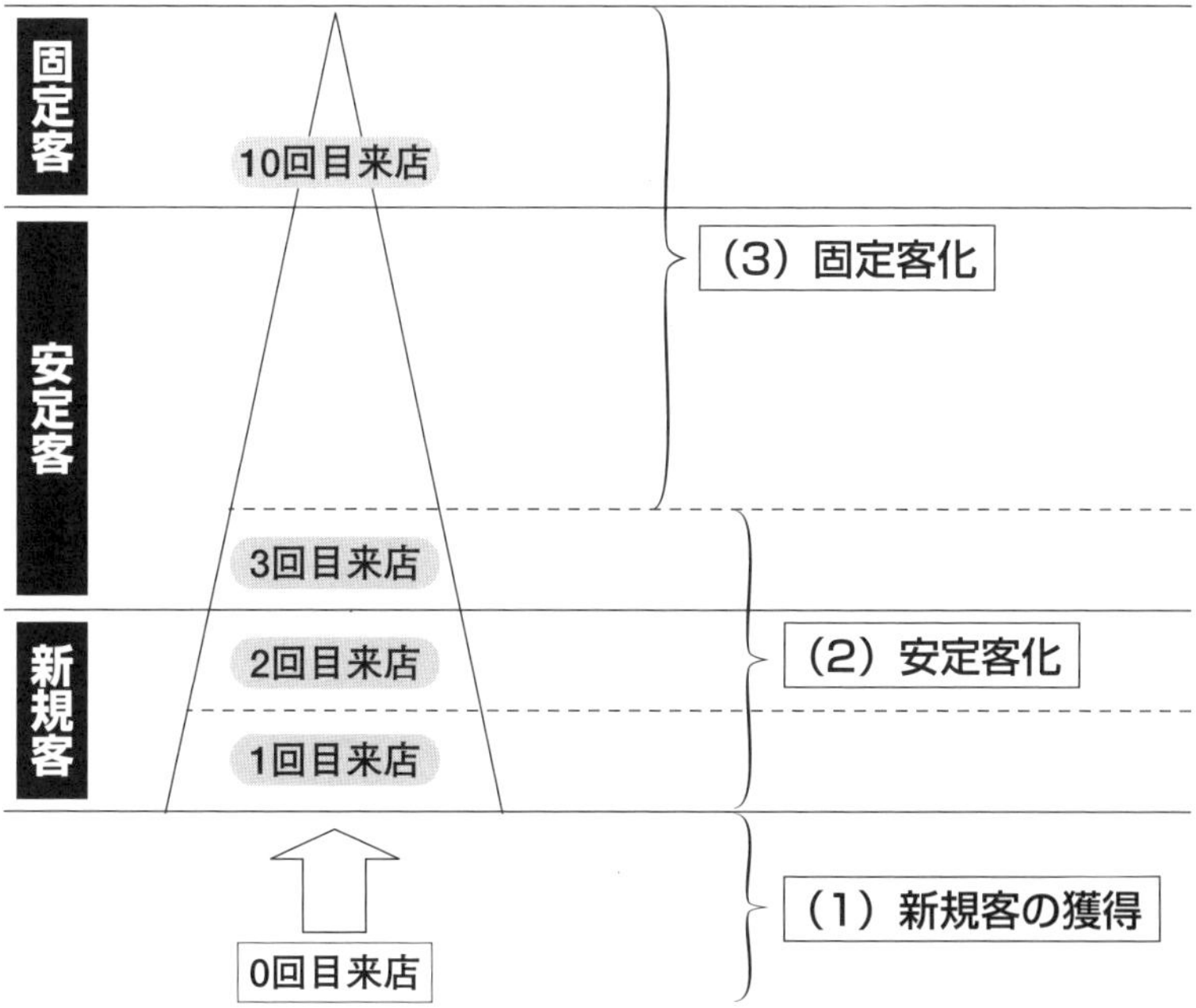

5 〝強み〟を売れ

ある物販店での光景だ。お客様が何かの商品を手に取り、パッケージに書かれた内容に目をやる。そして、その商品を棚に返し、今度は別の商品で同じことを繰り返す。そして、一つの商品を買い物カゴに入れる。どこにでもある買い物の光景だ。しかし不思議だ。何が購入の決定につながったのだろう。ひょっとすると、商品の内容には大きな差はなく、お客様がほしいと思った何かの言葉が、その商品にあったのではないだろうか。

▼アピールするための〝強み〟の演出

秋田にある『一の酉』という焼鳥屋でのことだ。焼鳥を中心に串物の品揃えは豊富だったが、単品で一番商品と言える商品はなかった。売れ筋はつくねと皮。つくねに関しては7品目ほどの品揃え強化で、〝強み〟の演出をしていた。皮串に関しては、明確にできるほどの強みはなかった。しかし、あるヒントを得て、三日焼きをするという独特の焼き方法を実施し、「三日仕込みの皮串」という商品をつくり上げた。

この「三日仕込みの皮串」という商品を単品一番商品にしたいが、販売数は高まらない。それどころか、以前より販売数が減少した。独特の焼き方のため、クレームが起こることもあったようだ。販売中止という声もあったが、もっと販売の工夫をしようということになった。

▼買いたくなる「購入決定の言葉」

その皮串は当初、月400～500本の販売数だった。しかし、テーブルにその製造方法やおいしさ、独自性を説明したシートを設置すると、月当たり1000本を超えた。その後、半年を経過したときには月3000本で、当初の6倍以上も売れるようになった。

店の売上も、600万円から900万円に伸びた。お客様は商品を、「購入決定をさせる言葉や説明」の魅力で購入する。そして、食べたときにその魅力どおりの食味感であれば納得し満足する。その満足度が次回来店へとつながり、場合によっては知人へとクチコミまでしてくれるのだ。

あなたの店の主力商品には、お客様がほしくなるような、「購入決定の言葉」が添えられているだろうか。

お客様は、商品の魅力を説明する言葉や文章によって注文する

6 店頭で〝強みの顔〟をつくれ

私は、飲食業のコンサルティングを25年間行なっている。しかし、最初の1年間は先輩と同行させていただき、他の業種のコンサルティング現場に立ち会った。和歌山にある衣料店で、おもしろい体験をした。その先輩は、その店の売上アップのために、いくつかのアドバイスをした。その一つは、店頭の活性化だった。

▼買いたくなる要素がなければ存在さえ認知されない

店頭には、消耗頻度が高くて、安い商品を陳列しなさいと言う。しかも、陳列にボリューム感を演出するように配置し、目立つように大きなプライスカードをいくつもつけた。翌月、その店に訪問したときに聞いた店主からの言葉は、信じがたいものだった。

「店頭で陳列を強化した翌日から売上が上がりました。しかも、この店はいつできたのかという質問を、何回も受けたのです。もう、5年以上も営業しているのに。お客様にとっては、存在が認知されていなかったのです」。

お客様が「買いたくなる要素」を店頭に見つけたときからしか、お客様にとって、その店は存在しないのだ。

▼〝店の顔〟をはっきりさせよう

〝店の顔〟が明確になっていない店は、集客力がつかない。次の四つのポイントを押さえれば、あなたの〝店の顔〟はお客様にとって明確となる。

①主力品揃えの商品カテゴリー…品揃えの中で、豊富な品揃えのあるカテゴリーを店頭で表示する→たとえば釜飯、ハンバーグ、ピザなど。

②一番商品を打ち出す…一番売れている商品や差別化された商品の名前を書く→たとえば、三日仕込みの皮串、大あなご一本握りなど。

③主力と一番の差別化ポイント…調理方法や仕入方法、品質でとくに強化している内容を打ち出す→三日仕込み、炭火焼き、新米入荷など。

④予算がわかる…売れ筋商品や安い商品の価格を表示する→にぎり一個50円より、調理長お奨めコース３８００円など。

これらによって、お客様に〝顔〟のわかる店へと変化し、それが新規客を集客する力となるのだ。

看板に主力商品が4品と強みの「釜あげうどん」が書かれている。ガラス戸から店内がはっきりと見える

フルーツタルトを主力商品とするこの店では店頭でフルーツ陳列と産地表示をして自店の強みを表現している

7 何となく来店してしまう仕掛けをつくれ

あなたはなぜ、その店に行くのですか。

安いから、商品がおいしいからというように、その理由があるだろう。しかし、いざ来店の理由を考えると、「何となく」という場合もかなり多い。

▼ギブ型の店とテイク型の店

何となく、好きで来店してしまう店は強い。意外にしっかりとお客様の心をつかみ、固定客としてしまっている。店には、大きく分けて二つのタイプがある。それは「ギブ＝与える型」と「テイク＝取る型」の店だ。

ギブ型とは、店主や働く人の心遣いを感じる店。あたかも上得意の、大切な1人のお客様としての関係。テイク型とは、店の人との接点やコミュニケーションが少ない店。その他大勢の1人といった関係。このタイプで分類したとき、ギブ型の店こそ「何となく好きで来店」してしまう店だ。テイク型の店には、「ただ食事をするだけ」といった目的でしか来店しない。食事を楽しむということにはなりにくい。

▼「何となく好きになる」仕掛けをしよう

何となく好きにさせるマーケティングとは、ギブ型の店になることだ。そのためには、五つのコツがある。

①試食のサービス…めずらしい食材が入ったのでとか、知り合いにいただいたものなのですが、というような形で、無料でお客様に食べていただくサービス。

②第一印象と残印象の特化…お客様の入店時、お客様の近く（できれば1m以内）まで行って挨拶をする。帰りには、外までお見送りをする。

③隠れメニューの説明…メニューには掲載していない本日メニューを1品つくり、それを説明してお奨めする。

④名前を呼ぶ…スタンプカードなどを活用し、お客様の名前を覚える機会をつくり、お客様を名前で呼ぶ。

⑤テーブルへの御用聞き…店長であるあなた自身が、必ず各テーブルに1回は顔を出し、あいさつや感謝の言葉でコミュニケーションを取る。

これらが、お客様にその店を「何となく好き」にさせる五つのコツだ。これらは、店長であるあなた自身が実施することで、より大きな効果を上げることになる。

いきにひとうごがいますあごりざいお越しま毎度たくださいませ
ちょっと珍しいもの入りましたのでぜひ召し上がってみてください
山口様
ポイントが
貯まりましたので
サービスさせて
いただきます
GIVE
メニューには
載せていない
のですが
おすすめの
一品が
ございます
店長の竹内でございます何なりとご用を申しつけください

2章

ダントツ一番店 10の繁盛法則

第10法則

自分自身の「値打ち」を高めよ

——自己成長の繁盛法則

1 自分自身の「値打ち」を高めよう

▼自分自身の値打ちは、自分自身でしか高められない

古い話で恐縮だが、私が学校を卒業して、飲食店で働きはじめて1年を超えた頃のことだ。

その店の料理長は、休憩時にはいつも文庫本を読んでいた。

学生時代の友人の一人が、4年間で400冊の本を読むという目標をもって、いつも読書をしていた。私もそれに刺激されて、4年で200冊の読書をしたが、社会に出て以来、忙しさのあまり読書はしていなかった。

そんなとき、その料理長と出会った。そして、「なぜ、いつも本を読んでいるのですか」と聞いてみた。

すると彼は、「人間としての幅を広げるには読書が大切だ。自分自身の値打ちは、自分自身でしか高めることはできないよ」と言われた。

その言葉を聞いて、自分自身が恥ずかしくなった。

いくら学生時代に200冊読んだとしても、冊数をかせぐために、推理小説やエッセイなどの読みやすい本に集中していたし、しかもその頃には、読書の習慣さえなくなっていたからだ。

▼自分の「値打ち」づくりを始めよう

店内を走りまわって仕事をしているだけでは、人間としての幅を広げることはできない。

自分の「値打ち」は自分でつくっていくもので、他人がつくってくれるものではない。

私は、現在の仕事を通して、多くの経営者と出会い、多くの学ぶ機会を得ることができた。その経営者たちから学んだ「値打ち」づくりは三つある。

①読書の習慣……経営者は、経営者以外にも歴史的な人の生き方や考え方に関した本を多く読んでいる

②素直な心を持つ……何事も否定せず、一度は自分の心の中に入れる素直さを身につけていないと、自分にとって都合のよいことしか受け入れられなくなる

③びっくり現象を体験する……超がつくような繁盛店を見る体験を積むことで考え方の幅が広がる

これら三つのことを習慣化することで、自分自身の「値打ち」を高めていただきたい。

行列のできるような繁盛店を見ることも、自分自身の「値打ち」を高めるためのよい方法だ

2 あなたの店は時流からズレていないか

慢性的な不況が続いている。

さまざまな業界において、20～30％の超好況組と70～80％の慢性不況組の二つに分かれているのが現状のようだ。

わずか20％強の超好況組が、全体として景気のゆるやかな回復という傾向をつくり上げている。

そのため、一般飲食店にとっては、〝慢性不況〟で減少する飲食マーケットの中で商売していると考える必要がある。

▼慢性不況は「ヘビーユーザー化現象」がより進行する

ヘビーユーザー化現象とは、お客様のさまざまな飲食経験によって、欲求や要望がより高まることを言う。

このヘビーユーザー化現象に対応していかなければ、売上を伸ばしていくことはできない。

15年ほど前から、お客様のヘビーユーザー化現象がすすみ始め、それに応えるべく、飲食店の専門店化や差別化がすすんだ。

しかし、長びく慢性不況によって、さらなるヘビーユーザー化現象が一気に、しかも大きくすすむ。

▼時流の変化を読み取ろう

そのため、飲食店の〝時流〟が大きく変化している。

あなたの店は、その時流とズレてはいないだろうか。

多くの繁盛店に行って、その繁盛の要素を整理することで、〝時流の変化〟が見えてくる。

時流には〝七つの視点〟があると前述したが、その本質は〝本能の刺激〟と考えていいだろう。

そのポイントは三つである。

・**おいしさ**……ひと口目の強烈な印象。柔らかさや甘さ、辛さ、熱さなど、味の特徴の強さ

・**おいしさ感**……できたての演出。お客様の目の前での実演調理やボリュームによる強い印象づけ

・**個別対応化**……お客様としての対応。一人ひとりのお客様の好みが受け入れられるような対応。

現場で、汗を流した量だけ繁盛に近づくとは限らない。自分の店にその視点を持たなければ〝労多くして効少なし〟で終ると考えたほうがいいだろう。

お客様の目の前で“まぐろの実演調理”をすることで、“おいしさ感”を演出する

麺が見えないほどのチャーシューのボリュームも“おいしさ感”をつくり上げる

3 流行で終わる店

ある地方都市で、年間売上が4億円を超えるという超繁盛居酒屋があった。

その店の一番商品である刺身の盛り込みのボリューム感と、2、30人の待ち客が出るほどの集客力には驚かされた。

▼「強み」が消えた

それから3年ほど経った頃、またその店を見に出かけた。すると、店内はお客様で50％ほどしか席が埋まっておらず、以前とは、ずいぶん違うなと感じた。

しかも、メニューを見ると、その店の「強み」だったボリュームに溢れた刺身盛りはなくなっていた。

店長らしき人に、そのことをたずねてみると、出数が減少してきたらしく、1年半ほど前にメニューからはずしたという。

その後、おすすめ商品を何品か注文したのだが、どの商品も、以前のような「強み」を感じさせるものではなく、どこの居酒屋にでもあるようなメニューばかりだった。

▼「強み」をとことん磨き込もう

それから2年後、もう一度その店を見に行った。

すると、従業員の数はかなり少なくなっていて、お茶や取り皿などは、セルフでお客様が自分で運んでいた。

メニューはさらに特徴がなくなり、主力商品の顔は完全に消えており、どこの居酒屋とも、まったく大差のない品揃えとなっていた。実際の商品は、量も少なくなっていて、ずい分安っぽい感じがした。

それから1年後、その店は倒産した。

その店は、ただの流行で終わってしまったようだ。流行で終わる店は、自店の「強み」を大切にしない。

「強み」のある商品でさえ、いつかは売れなくなる。そこからが重要だ。

「強み」は、とことん磨き込んでいかなければならない。多くの繁盛店を見ては、その店にある原則的な「強み」をつかみとり、その時点の「強み」にその原則を付加して、より磨き込むのである。

どんな繁盛店ですら流行は終わる。繁盛を維持するためには、「強み」を磨き込み続けていくしかないのだ。

流行で終わらないように、ボリュームなどの店の「強み」を失ってはならない

4 定点観測をしよう

自分自身の考え方や物の見方の幅を広げることによって、直感的な判断力が養われる。それも、自分の「値打ち」のつくり方のひとつである。

▼年に2回の定点観測

私は、そのために定点観測を行なっている。定点観測とは、モデルになるような店を決め、その店を定期的に観察することである。

私は年2回、アメリカ繁盛レストラン視察を、西海岸と東海岸で実施している。その視察の中で、「マカロニ・グリル」というイタリアンレストランチェーンを定点観測してきた。10数年間、年2回見続けてきたのだ。

このマカロニ・グリルには感動した。玄関から入って直近の両サイドにオープンキッチンがつくられていて、その実演調理が、お客様をエキサイティングな気分にさせる。

そのような〝本能を刺激する〟ポイントがいくつも用意されていた。

当然のことながら、どの場所でマカロニ・グリルを見てもすべて繁盛していた。

▼定点観測から〝原則〟をつかむ

しかし、10年以上の長い時間をかけて、その店を見ていると〝変化〟も見えてくる。

お客様をエキサイティングにする要素が一つひとつなくなっていたのだ。

マネージャーなどに、なぜなくなったのかを聞くと、「効率が悪いから……」という答えだった。

新店などを見ると、最初の頃とはまったく違ったレイアウトになっていた。いつも、30~40人の待ち客でにぎわっていたそのチェーンも、すっかり集客力が落ち込んでいた。そのことで、逆に集客のポイントが、より明確にわかった。

定点観測を行なっていると、〝集客力をつけるための原則〟などが見えてきて、それがルール化できるのだ。それによって、自分の力をつけることが可能になる。

身近な店でいいから、ぜひ定点観測を実践していただきたい。

お客様をエキサイティングにした“マカロニ・グリル”のオープンキッチンだったが、最近はそれが変化し始めている

5 成功の3条件を身につけよう

▼成功の3条件とは

私は、28才のときに船井総合研究所に入社した。当時は、創業者の船井幸雄氏が社長を務めていた。入社して、船井社長が書かれた本をかたっぱしから読んで、その考え方を学んでいった。

船井幸雄氏の代表的なベストセラーのひとつに『成功のセオリー』という本があった。

その本を読んだときに出会ったのが、この〝成功の3条件〟である。

その3条件とは、

①**素直**……他人の話をまず受け入れる。受け入れてから、それについての判断をする。受け入れずに否定ばかりしていると、自分自身の人間としての幅が広がらないため、人間的成長をはかることができない。

②**勉強好き**……知らないもの、未経験のことに対して興味を持つ。そして、知らないことから学ぶことによって人間力の幅が広がる。知らないものを知ろうという興味が消えたとき、人間成長は止まり後退する。

③**プラス発想**……何かの課題を与えられたとき、できないと考える前に、できるという視点でそれにあたる。何か起きたときも、必ずうまく解決すると考えて実行する。

この3条件を持つ人が、人生において成功すると書かれていた。その後の20数年のコンサルティング経験を通して、多くの経営者と出会ったが、この3条件からはずれる人は1人もいなかった。

▼上限の壁をつくるな

その3条件以外にも学んだことは多いが、その中でも大切なのが、〝上限の壁をつくるな〟という言葉だ。

売上にしても、ここまでしか無理とか、自分は店長まででいいなどと言って、自分勝手に〝上限の壁〟をつくっていることが少なくない。

そんな〝上限の壁〟を決めることは、自分自身の中に革新的な力が出ない、と決めつけているようなものだ。リーダーとして、自分の可能性に〝上限の壁〟はない、という気持ちを持っていただきたい。

成功の3条件とツキの3条件を身につけることが “船井流の上手な生き方”

ツキの3条件
●どんなことにも感謝して「ありがとう」と思う ①どんなことにも感謝する気持ちを常に持つ ②「ありがとう」と、何にでも言える癖づけをする
●「ツイているな」と思うもの・人と付き合うこと ①「あの人はツイているなあ」と思う人とできるだけ付き合う ②人の悪口やマイナス発想の言葉はツキをなくす
●「ツイている」モデルを探し、真似をしてみる ①まわりにいる人でツイている人が、どのようなことをしているか観察する ②そして、実際に自分でも真似をしてみる

6 ワークスケジュールで管理しよう

お付き合い先の企業の営業会議で、店長からよくこんな言葉を聞く。「やろうとは思っていたのですが、時間がなかったので。人手不足だし……」。現場では1日中、常に体を動かして何らかの仕事をしているのが店長だ。しかし、新しいことにも挑戦していかなければ、現状は変えられないのも事実だ。

▼ワークスケジュールを活用する

やるべきことを、時間があるときにしようと思っていても、時間を見つけられない。やはり、計画が必要だ。「いつ」、「何をするか」を事前に決めなければ、時間はできない。そんなとき、従業員のシフトを記入したワークスケジュールを活用するとよい。ワークスケジュールは、できれば1ヶ月間を一覧できるほうがいい。下に空欄を設け、そこにその月に実施すべき仕事の予定をすべて記入する。週間や月間のクレンリネス業務も、そこに記入すれば便利だ。

そして、予定した仕事を実施できたときは、そのスケジュールのところに赤色で○印をつける。できなければ×印を記入する。ワークスケジュール表だから、従業員全員がいつもそれを見ている。他人に仕事を公開し、○×のチェックが入ることで、予定した仕事を実施するための自分自身への動機づけとなる。

▼いつも目にすれば実現しやすい

何かの本で読んだが、実現したいことを手帳に書いて、何度もそれを見ていると実現するらしい。経営者が、目標とする決算書をつくり、それをいつも眺められるところに貼っていると、そのとおりの決算になったという話を聞いたこともある。

いつも目にすることで、それが頭の中に強く残る。そうなれば、実現しやすくなるようだ。

「その月に実現させたい仕事」をまず計画する。それにいつも目を通し、実施できたかどうかのチェックを記入することで、達成させようという強い意志が生まれてくる。最初は習慣性がないため、できないことも多く×印が多いかもしれない。しかし、続けることで店長としての新しい習慣が身につくようになるだろう。

スケジュール化することが実現への第一歩だ

		1	2	3	4	5	6	7	8	9	10	11	12	13	14	15	16	17	18	19	20	21	22	23	24	25	26	27	28	29	30	31
氏名（出勤日と時間）																																
スケジュール	個人面談																															
	ランチミーティング																															
	ディナーミーティング																															
	窓の清掃																															
	冷蔵庫																															
	駐車場																															

7 言葉には「即効性」がある

▼言葉の大切さを理解しよう

あなたが部下に対してほめる言葉を投げかけると、部下の表情に笑みが生まれ、明るい表情へと変化する。

逆に大声で叱ると、しゅんとなったり、反抗的な表情に変わってしまうこともある。

なぜ、そんなにすぐに反応が出るのだろうか。

言葉には「即効性」があるのだ。

元気な声で、一人ひとりにあいさつをすれば、その言葉が即効的に、店を明るい雰囲気にするわけである。

そう考えると、言葉の大切さが理解できる。

店内で働く人たちが、意欲を持っていないとか、活気に溢れた明るさが店内に感じられないのは、〝あなたの言葉が即効性を持って〟実現していると考えられないだろうか。

何かの本で読んだが、言葉には〝言霊（ことだま）〟があるらしい。言霊とは、言葉の持っている力が働いて、言葉どおりの事象がもたらされるということらしい

仮にそうだとすると、店のリーダーとしては、言葉を大切にしない大変なことになる。

リーダーが汚い言葉や否定的な言葉を使う傾向が強いと、店全体がそうなってしまうのだ。

▼ほめる言葉を上手に使おう

部下の成果を小さくても発見し、それをほめ言葉として使っていると、それが成功体験となり、どんどん力をつけ始める。

本人自身が、自分の欠点に気づいていないことが実は多いようだ。そんな場合、その本人にズバリ、それを指摘することも悪いことではないし、それも必要だ。

ポイントは、一対一になったとき、本人にそれを伝える。そして、その改善方法を具体的にアドバイスしてあげるのだ。

このアドバイスが大切だ。そして、少しの変化を見つけて、それをほめ言葉で動機づけするようにしてほしい。

言葉には即効性がある。言葉を大切に使っていかなければ、リーダーの役割ははたせないと考えたほうがいいだろう。

言葉には「即効性」がある

肯定的言葉の視点を大切にしよう

	肯定的言葉の視点	否定的言葉の視点
切り口	長所伸展 ↓ 長所を見つけてほめる	短所是正 ↓ 欠点を指摘し注意する
考え方	上限の壁をつくらない ↓ 可能性を見つけて挑戦する	できない条件を探す ↓ やる前にあきらめて行動に移さない
店舗運営	お客様視点で考える ↓ お客様の喜びを考えて実行する	作業視点で考える ↓ 効率を中心に考え、画一的作業を徹底する
人材育成	考え方を育成する ↓ 一人ひとりの自主性を伸ばす	作業スピードを育成する ↓ 標準化された作業を実行する
接客用語	「はい！ ただいままいります」 ↓ お客様への即効性を大切にする	「少々、お待ち下さい」 ↓ 作業の優先性を大切にする

3章

ダントツ一番店への90日作戦

第1ステップ

90日作戦を成功させるための10の事前準備

1 一番商品と主力商品に絞って目標に挑戦しよう

売上目標500万円を、120%アップの600万円に挑戦する。そう考えてみても実際、何から手をつけていいのかわからない。それが一般的だ。

ある中堅クラスの飲食チェーンでの営業会議の席上、店長にどうやって売上を上げるのかと聞いてみた。すると、サービスをよくするとか、オペレーションをよくしますといった内容の答えしか返ってこない。こんな漠然とした答えでは、売上は上がらない。

▼「小さく考える」ことがコツ

仮に、月間売上を500万円としたとき、この500万円という全体をとらえると、〝大きすぎる〟ために対策がない。対策が具体的に見えるようにするためには、「小さく考える」のがコツである。「一番商品カテゴリー」「主力商品カテゴリー」「準主力カテゴリー」「その他」というように、調理や食材でのカテゴリーを四～五つ程度に分類して、売上をカテゴリー別に分ける。

たとえばイタリアンレストランなら、一番商品カテゴリー…ピザ、主力商品カテゴリー…パスタ、準主力商品カテゴリー…デザート、その他カテゴリー①…その他メニュー、その他カテゴリー②…ドリンク、というように分離して売上を整理する。アルコールに強い店では、アルコールも2～4カテゴリーで分ければいいだろう。

▼「一番商品と主力商品」の影響は大きい

それぞれのカテゴリー別に売上予算をつくる。しかし、全体売上の伸びは、「一番商品と主力商品」の二つのカテゴリーの伸び方で決定されると考えてよい。それほど、この2カテゴリーの位置づけは大きい。

90日で活性化を考えるなら、週単位でこのカテゴリーの予算を決めてほしい。13週別に予算をつくり、その横に実績を記入していく（左図参照）。そして、2週間終了ごとに、次の2週間での対策を考えていく。その対策は、「一番商品と主力商品」の2カテゴリーの売上アップだけでよい。

「小さく考える」ことで対策が具体化され、しかも成果もすぐにわかるため、即時性のある業績改善が可能となる。

	期　間	一番商品カテゴリー			対策	主力カテゴリー			対策
		予算	実績	差		予算	実績	差	
第1週	月　日 ～　月　日								
第2週	月　日 ～　月　日								
第3週	月　日 ～　月　日								
第4週	月　日 ～　月　日								
第5週	月　日 ～　月　日								
第6週	月　日 ～　月　日								
第7週	月　日 ～　月　日								
第8週	月　日 ～　月　日								
第9週	月　日 ～　月　日								
第10週	月　日 ～　月　日								
第11週	月　日 ～　月　日								
第12週	月　日 ～　月　日								
第13週	月　日 ～　月　日								

店の売上を大きく左右する2つのカテゴリーについて、予算と実績を13週にわたって管理していく

2 「情報の一番化」で魅力づくり

▼情報で一番化しろ

以前、大阪のあるイタリアンレストランの繁盛店で、店頭に写真と手紙がいくつも掲示されているのを見た。

その写真は、従業員が研修に行ったイタリアのレストランで働いている光景だった。手紙には、その研修先での仕事の内容が書かれてあった。それが、いくつも掲示されていたのだ。

その手紙を読み写真を見ることで、店内に入りたくなってしまう。本当にすばらしい演出に感心させられた。

ある東京の老舗そば屋でも、同じような体験をした。新米の季節に稲穂をたくさん束にして、店頭に陳列していた。そこに「新米入荷」と書かれた札が貼られていた。

この2店のように、「イタリア（本場）での研修」や「新米」というような、お客様が店内に入りたくなるような情報を演出訴求することが大切だ。

このように「情報で一番化」するためには、100文字訴求ぐらいの詳しさが必要となる。

70～100文字程度の少し長めの商品説明文をつけることで、その商品の売れ方には3～5倍もの差が出る。

場合によっては、商品説明というより、その商品を調理するための工夫や食材仕入れの苦労話など、その商品にまつわる由緒由縁を一つのストーリーとして文章化することで、より効果も高まる。

▼「二つの理由」をつけて商品お奨めをする

従業員の言葉によるお奨めも、「商品情報」を知っていただくという観点が大切になる。

「本日は、こちらの商品がお奨めです」レベルでは、お客様は買う気を起こさない。

なぜ、その商品がお奨めなのか、少なくとも「二つの理由」を話すことで、〝お客様が買う気になる決定打〟となり得る。

商品シズルは、本能という感情を刺激するのに対して、情報は知性や理性などの頭に刺激を与える。だからこそ、実演やシズリングだけでは表現できない、さらに詳しい情報が可能となる。これが、お客様に「よりお値打ち」のイメージを与えることになる。

店頭に示されたさまざまな情報で「一番化」することで、お客様は思わず店内に入りたくなる

3 「7商品リニューアル」で集客力アップ

商品で集客力を倍増させることは、それほど難しくはない。難しいのは、そのコツをデフォルメ（大げさなまでに強調すること）しなければ、成果に結びつかないと考えて実行することだ。

▼商品による集客力アップにはコツがある

商品による集客力アップのコツは、次の四つだ。これを、全品と言わず、現状の売れ筋や売りたいもの「7商品リニューアル」するだけで、十分な成果が期待できる。

(1) シズルを付ける

商品にシズルを付け加えるのは、集客力アップのための大原則だ。たとえば、次のようなやり方だ。

①音によるデフォルメ…鉄板や陶板での提供、ソースがけによる強烈な音の演出が必要、②温度によるデフォルメ…一口目の熱さ、グツグツとあぶくが立つ熱さや、氷の上に盛り付けた提供方法、③高さ（ボリューム）によるデフォルメ…にぎり寿司でシャリの1・5倍ものネタの長さ、寿司の軍艦でネタがこぼれる、高く盛り付けられたサラダというようにボリュームを強調、④色どりによるデフォルメ…一つの器に6～7の違う食材や料理を盛り付ける、大きなトレイに何種類ものデザートを並べて選んでいただく。

(2) 由緒由縁の付加

仕入方法や調理方法の工夫によって、商品に本物感や独自性が付けられるようにリニューアルする…天然だしを使いました、○○産の米を大かまどでふっくらと炊き上げました、など。

(3) 品揃えの強化

主力となり得る単品商品にトッピングやソースの変化などによって品揃えを増やす…カレーソース、チーズ乗せ、など。

(4) 実演の付加

お客様のテーブル横で料理の最終仕上げをし、できて感を強烈に演出する…サラダのドレッシングがけ、目の前でチーズをかける、など。

これらの「四つのコツ」を、7商品に付加する商品リニューアルで、集客力が倍増させられる。

テーブル横でサラダをつくってみせる「実演の付加」で、商品に“シズル”を加え、集客力アップにつなげる

4 「五つの印象サービス」でお客様の固定化を

▼お客様が人を育てる

「どう教育すれば、よいサービスが提供できるでしょうか」と、郊外で約50店のチェーン展開をする飲食店の経営者から質問された。店舗リニューアルや商品力強化などによって、売上は前年比120%以上、しかも利益率は20%を超えている。

しかし、今のサービスレベルではこの状態は続かない、とその経営者は考えている。よい業績を安定的に継続させるためには、お客様の固定客化力が決め手になる、そう思っての質問だ。

固定客化力をつけるコツは、お客様からほめられるサービスの実施につきる。「ほめられる」というフィードバックによって、サービスの内容はさらに上質化し、従業員はより自主的に、お客様に喜んでいただこうと努力するようになる。お客様が〝人〟を育ててくれるのだ。

▼好印象を店内全体へと伝染させていこう

目の前でお客様をやさしい表情で包み込むのが、サービスの基本だ。そして、それを店内全体へと伝染させていくためにはコツがある。次の「五つの印象サービス」の実施がポイントだ。

①アイコンタクト（目を合わせる）…サービスの基本だ。必ずお客様にしなければならない。正確に言うと、目を合わせると避けたくなるので目元を見る、②商品説明…お客様は、詳しい説明にお値打ちを感じる。だから、「何がお奨めですか」というお客様の問いかけに、「すべておいしい」と返すのは、答えになっていない、③同調サービス…お客様の注文した商品を、「それはおいしいですよ」と言って、その選択をほめる、④「はい」の返事…お客様が従業員を呼んだときの返事は「はい」だ。しかし多くの店では「少々お待ちください」と返ってくる。これではお客様はいつも待たされている気分になる、⑤お見送り…お客様を玄関先までお見送りする。これはやはり最高のサービスだ。無理ならレジでお会計をするお客様に近づいて、一声かけるだけでもよい。

この「五つの印象サービス」を店長が実践することで、店に伝染する。それがお客様を固定化するコツだ。

固定客
アイコンタクト
はい！
同調サービス
商品説明
お見送り

5 「三つの店頭チェック」で印象度アップ

お客様は固定客ばかりではない。新規客も来店しなければ、売上は伸びない。新規客を、店内へと呼び込むために必要なのは〝顔〟だ。店の〝顔〟を明確にし、わかりやすくすることで新規客は増大する。

▼店頭に〝顔〟をつくれ

〝顔〟とは何か。簡単に言うと、何屋なのかということだ。しかし、お客様がヘビーユーザー化し、しかも競合店が激増した今の時代では、それだけでは新規客はその店に入ろうとはしない。要するに、スパゲティ屋という業種の〝顔〟だけではダメなのだ。

新規客が思わず入りたくなるための店頭の〝顔〟づくりには、次の三つのポイントがある。

▼「店頭の顔づくり」のための三つのポイント

(1)主力の顔づくり

主力商品とは、その店で品揃えが充実していたり、差別化のある商品カテゴリーだ。しかし、商品だけを指すわけではない。価格の安さがその店の特徴なら、それを主力商品と考えてもよい。また、その主力商品を代表する1品、すなわち一番商品があれば、それを冠名として表現するのもよい。それらの主力商品を、店頭看板やのれん、立て札などを使って表現する。たとえば、生まぐろの店、1貫50円より、穴子一本握り、など。

(2)お値打ちの顔づくり

主力商品の素材や産地、調理の特徴などを店名の上に入れることで、お客様は「お値打ち」の印象を強く持つ。それが、入店という結果に結びつく。たとえば、氷見港仕入れ、大かまど炊き、100%ビーフ、など。

(3)予算の顔づくり

これは、新規客入店にとっては大きな鍵だ。予算がわかる店には入りやすい。そのため、メニューブックを掲示するのも一つの方法だ。しかし、一番よい方法は、店内の一部が店外から見えることだ。それによって、店内イメージがわかって予算のイメージをつかむことができ、入りやすくなる。

これらの三つの店頭づくりで、お客様にとって〝顔〟のわかる店となる。これが新規客獲得のコツだ。

店頭で「定期的な販売促進の告知」をすることも、入店率を高める工夫の一つだ

6 「お客様思考宣言」をみんなで作成、みんなで実行

アメリカのニューヨークの近くに、『スチュー・レオナード』というスーパーがある。超がつくほどの繁盛店だ。その店の入口に「ポリシーストーン」と呼ばれる大きな石が置かれ、そこに二つのルールが刻まれている。

▼「お客様思考宣言」

「ルール1　お客様は常に正しい。ルール2　もしお客様が間違っていると思ったら、ルール1を読み返せ」と刻まれている。二度ほど、同店のバックツアー（バックヤードの視察と各担当者へのインタビュー）を実施した。そのときに聞いた副社長の話が印象的だった。

その頃、3号店の出店を予定していたため、「3号店は成功しますか」と質問を投げかけた。すると、「もちろん」と、すぐに答えが返ってきた。「私たちはお客様の本当に必要な要望には応える努力をしている。だから、スタート時には多くのお客様が来店しなくても、時間を重ねるごとに必ず繁盛できると信じている」と話した。

営業方針、信条の大切さを思い知らされた瞬間だった。店頭の「お客様思考宣言」が徹底されているのだ。

▼成功の基本は「みんなで作成、みんなで実行」

「1対1・6対（1・6の2乗）の法則」というものがある。人は、他人から言われてやったときの力を1とすると、自分自身が納得してやると1・6の力が出せ、最初から自分も決定に参加して決めたときには、（1・6の2乗）＝約2・6倍の力を発揮するというものだ。

「お客様思考宣言」は、店の活性化のための大きな営業方針となるので、ぜひ作成してほしいが、先の法則から考えると、その内容は、店内スタッフが参加して話し合ったほうが、よい結果に結びつきやすい。もちろん、勤務する時間帯や曜日にもバラつきがあるため、全員が一同に会することは難しい。ランチ担当者、ディナー担当者というように、いくつかのグループに分かれて、「お客様に満足していただくために」というテーマで話し合う。その話し合いで提案されたいくつかの内容から、最終的に店長が決めればいいだろう。

多くの従業員が参加して決めた「お客様宣言」こそ、営業の大きな指針となるのだ。

●『スチュー・レオナード』のバックツアーで、担当副社長から聞いた「お客様思考の大切さ」

●『スチュー・レオナード』の入口にある「ポリシーストーン」のミニチュア版

7 「本日の目玉」で再来店の強化

お客様が再来店する。当然、1回目の満足度が高かったからだろう。しかしその中で、2回目に来店するお客様は50％ぐらいと言われている。2回目、3回目と来店を重ねていただくことは容易なことではなく、お客様満足を高めるための、さまざまな対策が必要となる。

▼〝目玉〟が来店動機づけを高める

秋田に『だんまや水産』という繁盛店の居酒屋がある。既存店をリニューアルし、新業態を開発した。リニューアルは大成功して、売上は1・7～2倍に伸びた。

成功したポイントの一つは、「中トロ刺身380円」という〝目玉〟商品をつくったことだ。当然、その商品はダントツ一番の売れ行きとなり、全体の売上を伸ばす火付け役となった。目玉商品＝お値打ち品は、お客様の再来店を動機づけするようだ。

大分にある郊外型の焼鳥居酒屋でも、皮串1本60円という目玉戦略で月に4000本も売り、それが功を奏して全体の売上も伸ばしている。

目玉商品という存在は、お客様に〝お得感〟を与える存在のようだ。

▼「本日の目玉」の効果も大きい

定番での目玉が全体の売上を伸ばしているようだが、お客様に来店を重ねていただくためには、「本日の目玉」も大きく貢献する。〝目玉〟とは、通常の価格から25～30％安いものを言う。〝超目玉〟とは、40～50％も安いものだ。できれば、毎日の目玉を1品つくり、一般売価イメージ、もしくはメニュー価格の25～30％は安くしたい。それぐらいの割引率だと、お客様は〝得をした〟という実感を持つことになる。

しかし、その商品はダントツに売れるため、原価率も上がり気味になるという問題も起こり得る。それを解決する方法として、たとえば、まぐろやぶりなどを実演で解体し、そのおろしたてを、「ただ今、おろしたてのぶりです」とお客様に活気ある声でお知らせすることで、お客様を〝得をした〟気分にさせる。

これも、一種の目玉化である。再来店後の強化を図るためには大きな効果が期待できる。

本日の目玉商品
Lucky
Lucky
Lucky
Lucky

8 「即時性の販売促進」がお客様を呼ぶ

私自身にとって、大きな教訓となった話がある。

割烹を1店舗経営している店主からの依頼で、コンサルティングを実施した。非常に勉強熱心で前向きな店主だった。販売促進を実施するために名簿の確認をしたところ、過去にアンケートを実施したことがあるらしく、それを名簿化すると言う。翌日訪問し、名簿の件を確認したところ、まだ手をつけていないと返事が返ってきた。

▼先への対策の時間がとれないのが現実

その店主は、「店の営業に入っているため、他のことをする時間がとれない。やる気はあるんですが、時間がとれたときには疲れが出て、実行する気力が湧いてこないのです」と正直な気持ちを話された。

たしかに、店主が料理長として現場に入っているため、そんなに時間がとれないということを痛感した。

売上アップのためには、販売促進だけがすべてではないが、大切なポイントであることに変わりはない。しかも、DMを作成するには時間も金もかかる。そのためには名簿もつくらなければならない。大変な労力だ。

よく考えてみれば、それだけのことを生業クラスの飲食店が実行するのは難しいし、しかも二度、三度と繰り返すことは、時間や費用の面でも相当な負担になることは間違いない。結局は、計画倒れになることが多くなる。企業経営クラスでも同じだ。なかなか、タイムリーな販売促進の実行はむずかしいようだ。

▼これからは、負担の少ない即時的な販売促進を

しかし、携帯電話の広がりはこのような労力を解決してくれるようになった。お客様にメール会員に入会していただき、その会員に毎日の特典やフェアの告知をすることで集客力を高めるやり方だ。

こうした〝メール会員促進〟は、店の労力を減らし、しかも即時性のある対策がとれる。業者へ委託するわけだから、労力も必要としない。しかも、今日思いついた促進を、今日実施できるという即時対策も可能だ。当然、名簿作成という手間も必要としない。最近のお客様は自宅や勤め先にDMが送られてくるのを望まない人も多い。これからの集客活動として、取り組んでみたい一つだ。

携帯電話を利用した「メール会員販促」は、即時性のある売上アップを可能にする

9 「現金売上増大の促進」で売上挑戦

販売促進にもさまざまな手法がある。しかし、自店の対象商圏や狙いたい商圏などに確実に実施するためには、チラシの利用が効果的だ。一度に大量の配布ができるため、新規客や離脱客（以前は来店していたが、長期間来店していないお客様）への来店動機づけにも最適な方法の一つである。

▼集客力アップには〝目玉〟が必要

販売促進後もその効果を長く維持するためには、新規客や離脱客の来店を促す必要がある。固定客的なお客様だけの集客になってしまうと、その販促期間に来店が集中し、次の来店までには通常よりも長い期間が必要となる。そのため、販促実施以降の売上が逆に低調になるということも起こりやすい。

新規客、離脱客も含めた来店動機づけのためには、〝目玉〟型の販促をしたほうがいいだろう。〝目玉〟とは、20～30%割引きのことを言う。〝超目玉〟とは、40～50%引きだ。

目玉割引の期間は、できれば1週間と考えてほしい。お客様にはさまざまな来店動機がある。月曜日しか来店できないお客様もいる。そのためには、平日と週末を含めた1週間実施がベストと言えるだろう。

▼現金売上に注目せよ

販促の大きな問題点は、資金繰りだ。その割引期間の現金売上が通常営業時よりも下回った場合、資金繰りが厳しくなる。販促経費の支払いも考えると大変だ。

たとえば、売上金額の50%を次回使用の金券としてお客様に返すという「金券バック」という販促手法がある。集客効果が見込める販促手法の一つだ。私自身も、何度かお付き合い先で実施した。しかし課題も残る。資金繰りが悪くなる傾向が強いのだ。

しかし、この1週間30%割引きは集客効果も高く、期間内現金収入も通常営業時より多くなりやすい。そのコツは、チラシに割引券をつけて、その券を持参したお客様だけを対象にすればよい。現金売上も増加し、高売上も達成する。ぜひ、〝目玉〟型販売促進に挑戦していただきたい。

30%という目玉割引きが集客力を高める。しかも、割引券型にすることによって現金収入も増大する

10

「全員ポスティング」で一体化

「私を店長にしていただけましたら、売上を25％伸ばします」と、大阪のある飲食店チェーンの主任であるA君が、社長に直訴した。社長はその積極性を認めて翌日、A君に店長の辞令を出したと言う。

A店長は、自分の願いを実現してくれた社長の期待に応えようと、一所懸命にその店の改善に当たった。

▼1人の力とみんなの力の差

店長就任以来3ヶ月が過ぎたが、売上は低迷したまま。上がり始めるきざしすらない。焦り始めたA店長は、アルバイトやパートタイマーに強く当たりだした。一方的な指示や強制をして、反応の少ない人たちには叱りつける――そんな厳しい態度で接したのだ。

しかし売上は上がらない。逆に下がるような傾向が出始めた。パートタイマー数人からは、辞めたいという話も出た。その頃には、すでに6ヶ月が経過していた。

八方ふさがりのように感じたA店長は、6ヶ月を振り返ってみた。そうして気がついたことは、1人の力とみんなの力の差だった。1人の力では、店の力にはならない。みんなが一体化した力を発揮しないと、店は決してよくならない。指示や命令といった強制するような営業方法では、一体化しないと反省した。

▼みんなの力を一体化した「全員ポスティング」

それからA店長が実施したことは、ミーティングと個人面談だった。そして自分の意見を押し通すといった、今までのやり方を改め、素直にパートタイマーたちの意見に耳をかたむけた。その結果、みんなに前向きな積極性が生まれ始めた。

そんな変化が出始めたとき、A店長は「全員ポスティング」を計画した。全員で、商圏内の1件1件の家に割引券を配布して回ろうと提案した。みんなも賛同し、店への出勤前や帰宅時を利用して配布した。地図をつくり、暇な時間帯に可能な人が抜けて配布もした。誰が、いつどれくらい配布したかを記入して掲示した。

こうして、みんなが一体化して行なった「全員ポスティング」の結果、その2ヶ月後に120％の売上アップが実現できたのだ。

このようなミニちらしを持参してのポスティングや見込み客への手渡しを実施する

3章

ダントツ一番店への90日作戦

第2ステップ

90日作戦を必ず成功させる進め方

1 ダントツ一番店への90日間の設計

90日でダントツ一番店になれる。しかし、そのためには、準備や計画が必要だ。それにもまして大切なことは、あなた自身の「当事者意識」だと考えてほしい。

あなたはリーダーとして、多くの部下と接してきたと思う。しかし、その多くの部下がすべて、あなたの考えたとおりの行動をしてくれたという経験は、少ないのではないだろうか。

リーダーとして、こう考えてほしい。「自分の力で他人は変えられない。自分の力で変えられるのは自分だけ」。これが当事者意識だ。

▼自分を動機づけできる目標を

90日でダントツ一番店になるためには、当事者であるあなた自身への動機づけが必要だ。人に決められた目標では、ワクワクとした気分は湧いてこない。

（1）お客様からどう評価されたいか
（2）パートナー（従業員）に期待したいこと
（3）こんな雰囲気の店にしたい
（4）メニュー内容に期待したいこと
（5）達成したい月間売上と利益

これらについて自分が達成したいことを、200字くらいまでで簡単な文章にしてほしい。文章にすると、誰もがその情景を目に浮かべやすくなる。目に浮かぶ目標は実現もしやすくなるからだ。

その文章で、とくに大切なところ1～2ヶ所に線を引いておくと、よりわかりやすくなる。

▼小さな目標で90日間の設計を

メキシコオリンピックで銀メダルを獲得したマラソンランナー、君原健二氏が出演するテレビCMがあった。その中で、次の電信柱、次の電信柱というように、小さな目標を一つひとつクリアすることがマラソンのゴールという結果につながる、といった話をされていた。

90日は、短いようでも長い期間だ。小さな目標をいくつも設定しなければ、そのゴールには辿り着かないと考えたほうがいい。そのためには、15日間での目標を6つ用意すれば、90日の計画が見えてくる。小さな目標を、しっかりと準備していただきたい。

達成したいこと

(1) お客様からどう評価されたいか
(2) パートナーに期待したいこと
(3) こんな雰囲気の店にしたい
(4) メニュー内容に期待したいこと
(5) 達成したい月間売上と利益

※100～200字の文章で記入
重要ポイントに下線

		1か月目	2か月目	3か月目
1日～15日	目標			
	成果			
16日～月末	目標			
	成果			

小さな目標をつくり、その一つひとつをクリアすることで、90日間を乗り切ろう

2 一番店へのスタート！ 準備万端で臨もう

一番店にしたい、できる。自信を持って臨みたい。「一番店化へのストーリー」は、次の四つの段階で構成される。

▼一番店化への4段階

第1段階（スタート前の準備期間）…90日間計画づくり＝メニューリニューアル実践期間

第2段階（スタートから30日間。1ヶ月目）…新しいサービス、調理メニューの特訓と習慣化の期間

第3段階（スタート30日後から30日間。2ヶ月目）…売上アップへの挑戦のために販売促進を実践する期間

第4段階（スタート60日後から30日間。3ヶ月目）…主力商品メニューのフェアーや固定客化推進によって、お客様の再来店化を強化する期間

大きく考えると、事前準備期間と実践期の二つに分かれるが、実践期間の成果に大きな差が出る事前準備では最低限、次の「四つの重点」を押さえておきたい。

▼事前準備の「四つの重点」

（1）「7商品リニューアル」…これが一番店になるための〝核〟だ。そのための最も効果的な方法は、モデル店を見つけることだ。業者やインターネットなどを活用すれば、モデル商品を見つけることはそれほど難しくない。期間的には30〜60日間を考えれば十分だ。

（2）「三つの店頭チェック」…可能なら、店頭だけでも小投資のリニューアルを実施したい。それは〝予算の顔〟をつくるための、店内が少し見えるような店頭一部リニューアルだ。これは予算しだいだが、「主力の顔」と「お値打ちの顔」は告知したい。

（3）「商品情報シート」…この商品情報シートによって、販売数量に天と地ほどの差がつく。リニューアル7商品の情報シートは必ず用意しておきたい。

（4）「五つの印象サービス」…アイコンタクト、商品説明、同調サービス、「はい」の返事、そしてお見送りは、お客様満足度を高める。ロールプレイングやミーティングを通じて、サービスの考え方をしっかりと話し合ってほしい。

これら「四つの重点」で、一番店化に当たろう。

第1段階	スタート前30日～60日	●事前準備 「4つの重点」の実施 ①7商品リニューアル ②3つの店頭チェック ③商品情報シート ④5つの印象サービス
第2段階	1日～1ヶ月	●サービスと調理の訓練と習慣化
第3段階	1ヶ月～2ヶ月	●売上アップへの挑戦 （販売促進の実践）
第4段階	2ヶ月～3ヶ月	●固定客づくり （主力商品フェアと再来店強化）

3

2週間経過――〝小さな変化〟を見つけよう

「小さな目標」は、15日間を1クールとして立案する。「90日一番店化」という大きなゴールに向かって、最初の「小さなゴール設定＝小さな目標」だ。「初めよければ終わりよし」という言葉もあるくらいだから、スタート2週間経過での成果は大切である。

▼成功か失敗か、どちらを望むのか

「90日一番店化」という目標に挑戦をするリーダーたるあなたは、成功か失敗かのどちらを望んでいるか。「何を今さら」と言わず、少し考えていただきたい。

みんなが初めて挑戦することだし、それを推進するリーダーのあなたも初めての経験だ。「小さな目標」の成果が全然出ていないということも、大いに考えられる。それを「2週間での成果なし、目標は全然達成していない」とメンバーに報告したら、どうだろうか。みんながっかりするはずだ。「せっかく取り組んだのに」という否定的な気持ちが出始めるかもしれない。

あなたが成功を望んでいるのだとするなら、どうしても「小さな変化」を見つけなければならない。

▼〝小さな変化〟で「小さな成功体験」を

スタート2週間では、売上は変化しない。サービスも、あなたが思っているほどには変化していないかもしれない。リニューアルした料理もバラつきがあり、安定的な力としては発揮されていないだろう。できていないことだらけで、あなたが苛立っていることも予想できる。

準備した。スタートした。それだけでは上手くいかないと頭の中では理解できていても、どうしても期待のほうが勝ってしまう。だから、成果の上がらない状態に失望感が出るのも当然かもしれない。

しかし、よく現場を見てほしい。サービススタッフや調理スタッフには、できていないことはあるものの、彼らが懸命に仕事をしている姿が見つけられるはずだ。その仲間たちに、さらにやる気が出るように動機づけするには、〝小さな変化〟を発見し、それをよい成果としてみんなに報告することだ。

開始の2週間――これがリーダーとしてのあなたの大切な仕事だ。

開始、2週間目報告『発見！ 小さな変化』		
料理について	※提供時のお客様の声や質問など	実施してよかった点
サービスについて	※お客様の表情やいただいた言葉	実施してよかった点
従業員について	※誰がどのように実践しているか。 実践して難しかったこと （料理・サービス）	実施してよかった点

①開始して2週間で、紙面にして従業員に報告
②左の項目は従業員から集め、右の項目は店長としての意見を記入する

4 1ヶ月終了――「五つのチェックポイント」でみんなをほめよう

心理カウンセラーの衛藤信之氏の講演を聞いたことがある。すばらしい講演で、大変参考になるものだった。その中で、二つの円の話をされた。Aは完全な丸の円、Bは一部分が欠けた円（左図）だ。「AとBのどちらが気になるか」という質問を投げかけてきた。

▼欠けているものが気になるのが人間

その場のほぼ全員が、Bと答えた。衛藤氏は「そのとおり。人間は〝欠けているもの〟が気になる特性があるようです」と話された。欠けているもの＝短所には目がいくが、欠けていないもの＝長所には目がいかないため、短所ばかりを注意するということになりやすい。逆に、長所は当たり前のように考えて気に留めないため、ほめることがないというのが一般的だと言う。

これでは、部下がやる気をなくすのも当然かもしれない。よほど、自分自身が長所を見るクセを心がけなければ、身につかないようだ。

▼「五つのポイント」でほめよう

一番店化への取組みも、1ヶ月もすると、やはり短所ばかりが目につきそうだ。それが人間の特性なら、ムリをしてでも「長所発見」の行動をとらなければならない。そのためにはまず、次の「五つのポイント」で実施してほしい。

①よい人発見…従業員の中で、新しい取組みに対して協力的な人や積極的な人が、どのようによいのかを具体的に見つける、②料理のおほめ発見…リニューアル7商品について、お客様が具体的にどのようにほめてくれているかの声を集める、③サービスのおほめ発見…五つの印象サービスについて、お客様のおほめの声や表情を従業員から集める、④お客様変化の発見…新規客の増え方や客層の変化、そして料理提供時や印象サービス実施時のお客様の反応でよいところを探す、⑤販売数量変化の発見…リニューアル7商品の販売数量が以前と比べてどれくらい伸びたかを見つける。

この「五つのポイント」で肯定的なものを見つけ、従業員に報告することで、よりやる気が高まる。ただし、否定的な意見もまとめ、次月対策に活かすことも重要だ。

あなたはどちらが気になりますか？

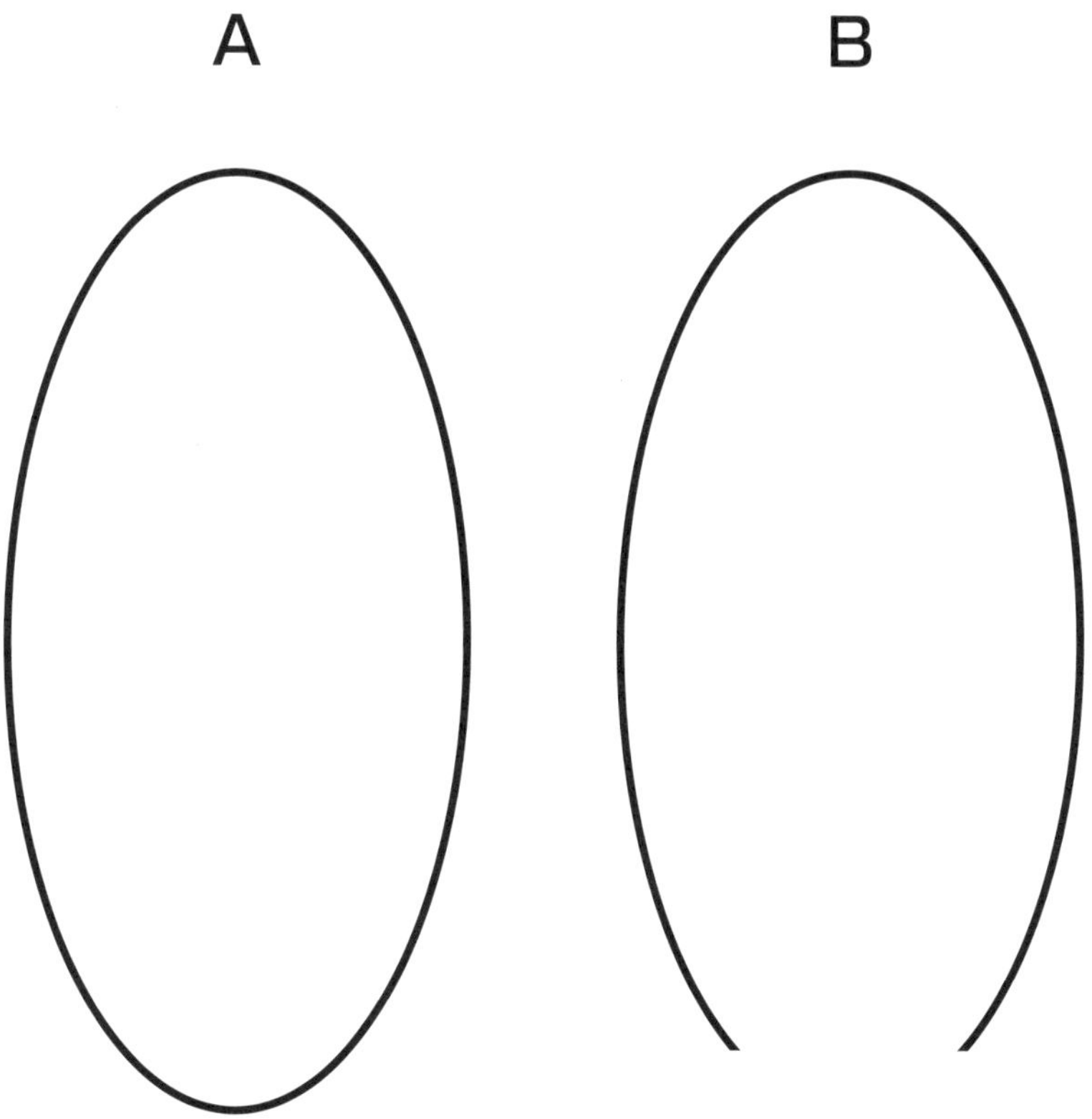

「足りないものが気になる」のが人の特性の一つ

5 ２ヶ月目へのスタート——最高売上に挑戦しよう！

「一番店化」へのスタートを切って、１ヶ月終了の時点と言えば、新しい取組みにもかなり慣れた頃だろう。逆にその頃からは、新しい取組みに対する緊張感が弱まり、全体的にダレた状態にもなりやすい。さらに店を一体化させ、「一番店化」を実現するためには、最高売上に挑戦しよう。

▼まず、目標売上を決めよう

そのためには、「最高売上挑戦チラシ配布数＝目標売上÷シェア７～11％÷（M／S）÷２・５」の計算で、新聞折込みを行ないたい（M／Sは166ページ参照）。

販売促進期間は、スタートから40日目あたりを目標とし、それから１週間がその期間となる。

最高売上に挑戦するためには「目玉型特典」が必要なため、「30％割引き」を考える。現金売上の減少を防ぐためにもチラシに割引券を付け、それを持参した方だけを対象にする。

チラシのサイズは、大きいほうがお客様の目につきやすく、その効果も高まりやすいのも事実だが、Ａ３サイズにすると、折込み料金の１枚当たりの単価が高くなるため、Ｂ４以下で考える。

チラシは通常２～３週間ででき上がるが、１ヶ月～45日くらいは見込んだほうがよい。そう考えると、「一番店化」スタート時には準備を始めておきたい。

▼最高売上を実現しやすくする二つの事前準備

また、30～45日目というこの期間を有効に使うことで、販売促進実施日の売上が大きく変わるため、次のような対策で十分に準備したい。

（１）予告ＰＯＰの作成…店内に販売促進企画の内容を提示する。期間、割引内容、対象などのポイントを記入し、できれば店頭にも掲示したい。

（２）ドアコールの実施…販促開始前の１週間を利用する。事前にチラシの予備を作成しておき、それを近隣の家に訪問して手渡しして説明をする。これは、全員で実施するのがポイントだ。

この二つを事前準備することで、より集客効果が高まり、最高売上を実現しやすくなる。

最高売上に挑戦するためには、目玉型特典となる「30%割引き」のチラシを投入する

6

45日目、前半戦終了——固定客化に全力をあげよう

最高売上へ挑戦する40日目あたりからの1週間。その時点で「一番店化」の前半戦が終了したことになる。最高売上を達成できなかった店もあるかもしれない。しかし、確実に店の力はついてきているはずだ。その力を十分に伸ばすためにももう一度、〝目の前〟のお客様に対峙したい。

▼再来店は、サービスと商品でしかつくれない

顧客満足の高いことで有名なアメリカの百貨店『ノードストローム』。数多くの書籍に、その顧客満足への取組みが紹介されている。私も何度か、同店の店長の講演を聞いたことがあるが、その中でも強く印象に残ったのは、「お客様が再来店しないのは、商品が悪いのかそれともサービスが悪かったのか、いずれかの原因しかない」という言葉だった。

まさしく、目玉型の販売促進が終了したこれからは、「サービス」と「商品」を、再度強化しなければならない。それが、「90日間で一番店化」への大きなターニングポイントとなる。

▼固定客づくりに全力をあげよう

店長の持っている武器は、「リニューアル7商品」と「五つの印象サービス」だ。これを磨き込み、より高いレベルで習慣化することが必要だ。童話ではないが、〝青い鳥〟は店長が今手にしているこの2項目だ。まずは、「リニューアル7商品」と「五つの印象サービス」で、よりお客様に強い印象を与えるための、デフォルメされた基準をつくってほしい。

(1)「リニューアル7商品」…シズリングを中心にリニューアルされているが、これまでの経過の中でさまざまな課題を持っていることだろう。シズリングの印象が弱くなっている可能性が高いため、「シズリングのデフォルメ」で、再度効果を高めたい。

(2)「五つの印象サービス」…アイコンタクト、商品説明、同調サービス、「はい」の返事、お見送りの五つに、よりお客様が満足する新しい基準をつくる。新しい基準の達成者には、その項目ごとに名前をバックヤードに貼り出して、評価してほしい。

45日目終了。商品のシズリングは弱くなっていないか、新しい商品基準をつくって徹底しよう

7

2ヶ月目終了——1人ひとりと話し合おう

繰り返すが、店長の持っている武器は、「リニューアル7商品」と「五つの印象サービス」だ。しかし、もっと大切なものがある。それは従業員だ。

従業員のやる気とやりがいが、サービスと商品の質の高さをつくり上げている。すべての基は、従業員にあるとしか考えられない。

▼動機づけでしか"人"は動かない

この2ヶ月を振り返ってみよう。「一番店化」という目標の下に、さまざまなチャレンジをしてきた。多くの時間はそのことに費やされてきたことと思う。

店長として、自分自身のリーダーシップのあり方に注意はしてきたものの、「指示」や「命令」的な傾向が強くなってはいなかったか。従業員1人ひとりと、丁寧な個人面談を実施するべきときだ。

1日で、ランチで1人、ディナーで1人。入店前の時間やアイドルタイムを利用して、個人面談をするとしても、従業員数30人なら約15日間が必要だ。土・日曜日のピークを除くと、もう少し多くの時間がかかる。そうなると最後の1ヶ月は、1人ひとりの従業員との会話をしっかりと実施したい。

▼「できたこと」と「できなかったこと」

従業員のやる気を起こすものは、店長の動機づけだ。動機づけの会話が求められている。店長は会話を通して、従業員本人の「できたこと」と「できなかったこと」を整理してほしい。

「できたこと」に関しては大いに評価し、素直に喜んであげたい。そして、店長として感謝の言葉を伝えることを忘れないでほしい。

「できなかったこと」は、2人で話し合いながらその理由を整理していく。その過程でいくつかのヒントが見つかる。本人自身が、どうすればできるのかに気づくことが少なくない。

そうした過程が、1人ひとりの「小さな目標」の設定となる。できたことへの大いなる評価が、それを達成させるという強い動機づけへと変わることを、忘れてはならない。

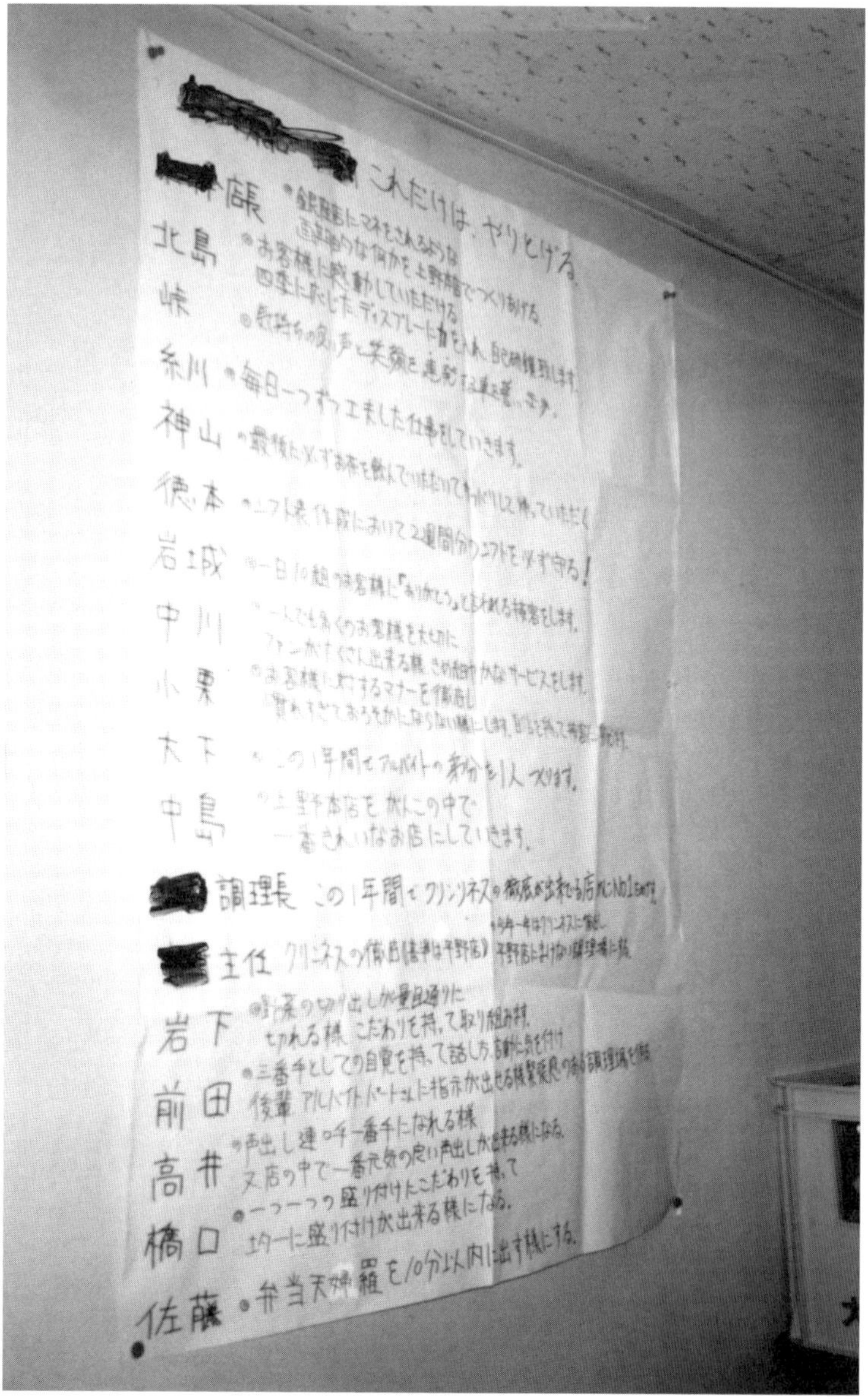

1人ひとりの目標を公開することも大切。それが動機づけにもつながる

8 人の噂も75日――「一番店化」へのターニングポイント

「人の噂も75日」とはよく言ったものだ。一般的な新規開店の場合、開店後3ヶ月くらいで売上が落ち始める場合が多い。しかしそのあたりをめがけて販売促進を実施すると、逆にまた売上が上がり始めることも経験している。

よく新規開店の店長から、「店が落ち着いてから、ゆっくり実行しますよ」という言葉を聞くが、私はあえてその言葉に反発し、「店が落ち着いてからではダメだよ。売上が落ちてしまう。今の好調の波をしっかりつかむためには、今実行することが必要だよ」と言うようにしている。

▼75日目対策を取ろう

75日目はやはり重要な節目だ。「一番店化」へのターニングポイントと考えていいだろう。このターニングポイントを、売上をつくりながら乗り切りたい。

その最適な方法とは、「お客様の名前を呼ぶ」ことだ。お客様の名前を呼ぶ接客によって、固定客化がかなり強く促進されていく。しかし、名前を呼ぶにも、現状の接客スタイルでは難しいかもしれない。それを解決してくれるのが、〝スタンプカード〟である。

お客様が、カードに記入した名前を呼ぶのである。

▼今日、何人のお客様の名前を呼べたか

ただし、レジでスタンプを押すのでは、名前を呼べる従業員の数は限定されてしまう。より多くの従業員がお客様の名前を呼べるように、お客様の来店時にスタンプを押すようにすればチャンスが広がる。

お客様が来店して席に着いたとき、お冷ややおしぼりを提供する。その際、「お客様、スタンプカードをお持ちですか?」と聞けばよい。そして、その場でお客様のカードにスタンプを押し、「○○様、ご来店ありがとうございます」と声をかけるようにすれば、全員で取り組める。

しかも、そのスタンプカードを、3回来店で特典を受けられるようにしておけば、再来店化が促進されて売上アップにも結びつく。ターニングポイントを上手く乗り切るよい方法だ。

~イートイン ポイントカード~
eat in point card
The Fruitscake Factory
円山店
札幌市中央区南3条西24丁目3−19
営業時間 10:00~21:00
店内飲食 11:30~20:30(ラストオーダー)
TEL 011−643−3966

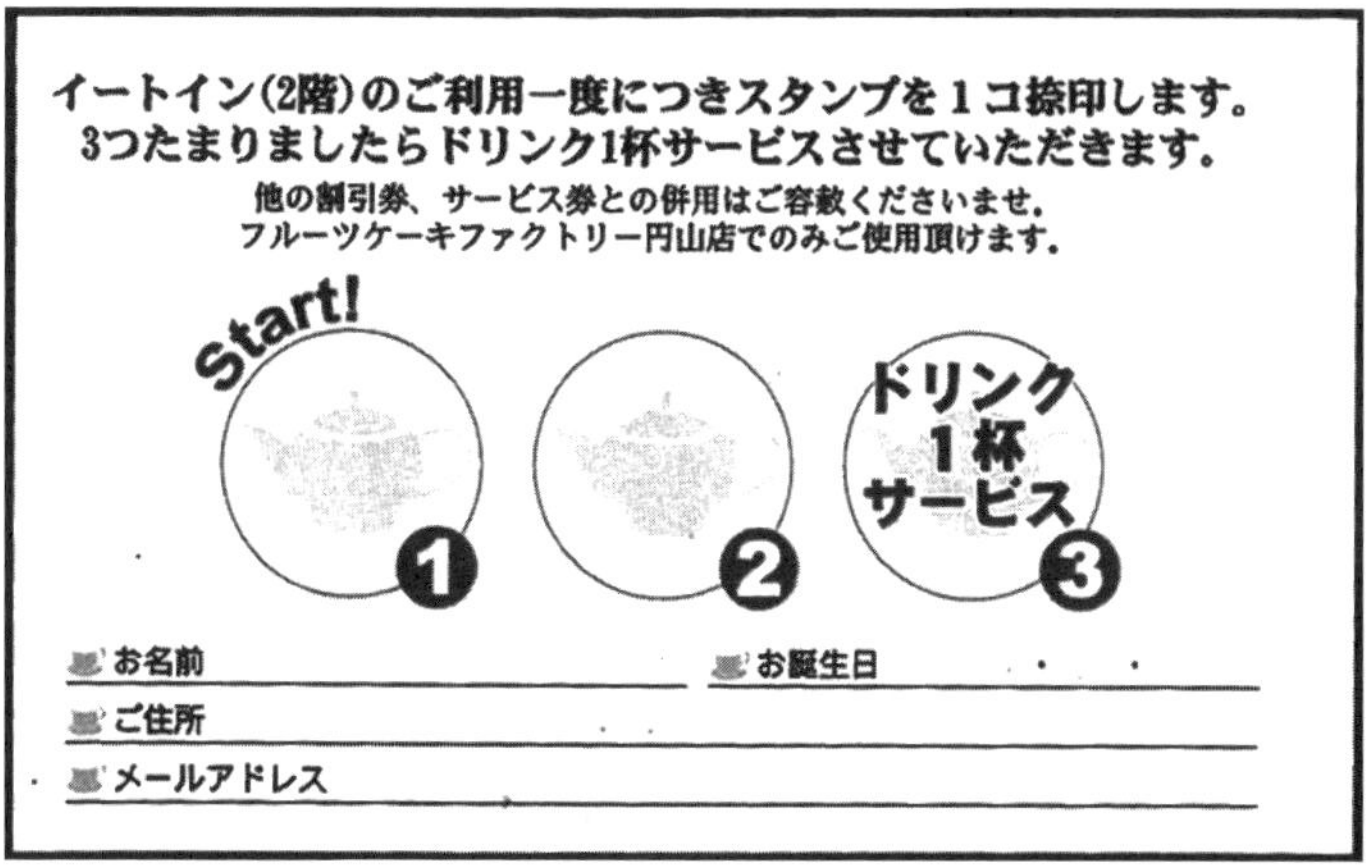
イートイン(2階)のご利用一度につきスタンプを1コ捺印します。
3つたまりましたらドリンク1杯サービスさせていただきます。
他の割引券、サービス券との併用はご容赦くださいませ。
フルーツケーキファクトリー円山店でのみご使用頂けます。
Start!
1
2
ドリンク1杯サービス
3
お名前
お誕生日
ご住所
メールアドレス

「3回来店で特典」というスタンプカードが売上を伸ばす

9

90日終了——これでダントツ一番店

何年か前の話である。お付き合い先のある飲食企業が、自社ビルの1階部分をテナント貸しすることになった。

そこで、ファストフードの3社に出店依頼を申し出た。3社から、その場所での売上見込みと希望する家賃が提出されてきたのだが、A社が1・5億円、B社が1億円、そしてC社0・8億円という売上予測で、3社の見込みにはそれぞれ大きな差があった。

▼「一番店の原則」

「一番店の原則」というものがある。一番店は二番店と比べると1・3倍以上の力の差がある、というものだ。一番店に対して0・7が二番店、二番店の0・7が三番店というものだ。先の3社は、その原則どおりの売上予測になっていた。

しかも家賃交渉では、一番高い家賃を提出したのが二番店であるB社。次がC社で、A社が一番安い家賃だった。一番店は強い集客力があるため、テナントとしての安全性を主張した。二番店は、とにかく出店したいため、家賃は高かった。

売上の差と家賃の差、これでは、一番店は儲かるが二番店以下は儲けにくい。まさしくこれが、「一番店の原則」なのだ。

▼狙うはダントツ一番店

私は年に3回、「飲食店交流会」という、お客様との交流会を実施している。繁盛店の視察と、その経営者の話を聞くというものだ。札幌で実施したとき、回転寿司の『トリトン』と『花まる』を視察させていただいた。

どちらも〝超〟がつくほどの繁盛店だが、両店とも実演による販売をしていた。お客様の目の前で魚をさばき、すぐに寿司にして、全員で活気あるお奨めをしているのだ。そのエンターテイメント性にワクワクした気分になった。それは、以前にはないものだった。

一番店にはなれる。しかしそれを維持することは難しい。そこからステップアップして、ダントツの一番店になるのはもっと難しい。しかし、この2店はそれに挑戦していた。

それに挑戦するには、店長、あなたが決め手なのだ。

一番店であり続けることは難しい。しかし、ステップアップしてそれに挑戦している店がある

10 新しいスタート。ダントツ一番店になろう

5年ほど前のことになる。ある地方都市の郊外で、既存のファミリーレストランをリニューアルし、焼鳥を中心とした居酒屋を開発させていただいた。以前は月商600〜700万円の店が、営業時間17〜23時と短縮したにもかかわらず、売上は1200万円と2倍近くまで伸びて黒字化した。まずまずの成功と言える内容だ。

その店から電話がかかってきた。4年ぶりである。相談があるというので、翌月に会う約束をした。

▼店の〝顔〟が消えていた

その店のメニューを見て、驚かざるを得なかった。主力の焼鳥と釜めしの品揃えは半分に絞り込まれ、その代わり、魚の刺身や寿司などがお奨めメニューとなっていた。売上を聞くと、現在は月商400万円、私の知っていた頃の3分の1にまで減少していた。

私は店主に質問した。「どうして『店の顔＝主力商品』を絞り込んだのですか?」と。すると、「売上アップのためには、焼鳥や釜めしを主力にするだけではダメだから、刺身や寿司を品揃えしてきたのです。しかし、それから6ヶ月ほどで売上が下がったので、効率をよくするために、焼鳥と釜めしのメニューを絞り込みました」という答えが返ってきた。

店の〝顔〟が見えなくなると、売上が下がるということに気がついていないのだ。

▼店の〝顔〟を磨き込み、ダントツ一番店になろう

ダントツ一番店になるためには、「店の顔」を最も大切にしなければならない。それが他店との差別化であり、強みだ。お客様は、それを求めて再来店するのだ。

その「顔＝主力」を、できたて感や本物感、由緒由縁といった、今の時流により適合できるように、「リニューアル＝磨き込み」を重ねていく。

このことが、ダントツ一番店の体質へと導く。主力商品の磨き込みは、結果としてその店を他にはない店に育ててくれる。

大切なお客様にとって、オンリーワンの店（私だけの店）という存在になれるのだ。それが、ダントツ一番と呼ばれる店なのだ。

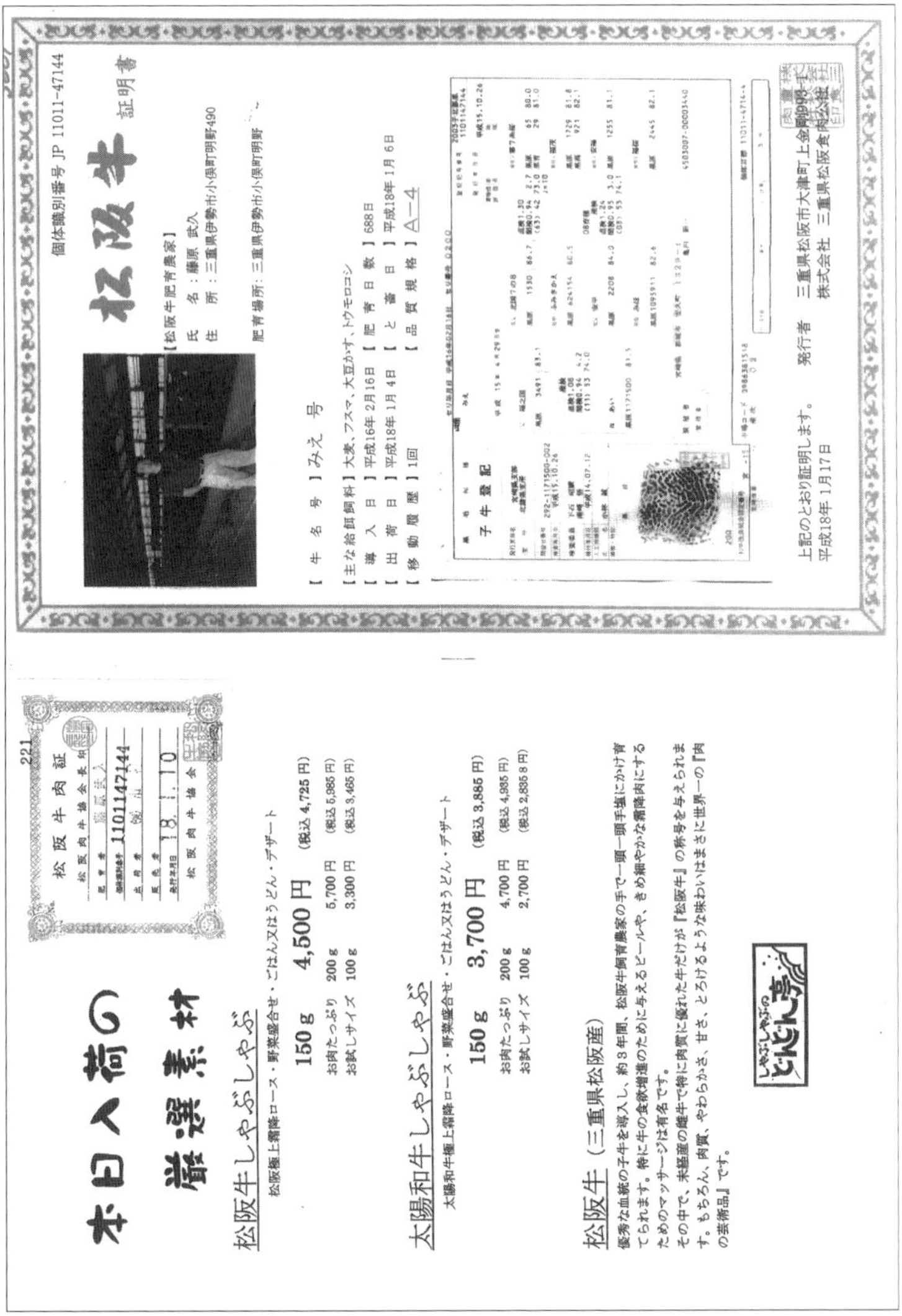

店の顔となる「主力商品の本物化」をすすめて磨き込む

感謝のお礼がえし！

数ある本の中よりこの本と出会って頂いたことは、
あたりまえのことではありません。
感謝のお礼がえしとして

著者　高木雅致《たかぎまさかず》の

『繁盛店づくりへのノウハウレポート・タカギレストランネットワーク』

を最新3ヶ月分無料進呈します。

●2008年4月現在、約100社の飲食業の方が定期購読されています
●ほんの一部ですが、ご紹介すると…
☆2008年1月号……属性の一番化を具現化する　～サービスの視点
☆2008年2月号……属性の一番化を具現化する　～"本能の刺激"が基本
☆2008年3月号……慢性不況が"価値感の移行"を生む

このページをコピーし、そのままFAXしてください

FAX申し込み用紙

FAX　06−6889−3570
(株)タカギフードコンサルティング　タカギ行

会社名	住所　〒	
ご氏名	お役職	TEL
		FAX
店舗数 店	業態（○で囲んでください） 居酒屋　寿司店　焼肉店　ラーメン　そば・うどん イタリアン　他（　　　　　　　）	

Q1	高木の講習会・セミナーに関する資料を希望しますか？ 希望する　　希望しない
Q2	高木の個別経営相談を希望しますか？ 希望する　　希望しない
Q3	高木に質問したい内容をご記入下さい
Q4	ケイタイ電話によるメール販促の資料を希望しますか？ 希望する　　希望しない

著者略歴

高木　雅致（たかぎ　まさかず）

骨太経営グループ　（株）タカギフードコンサルティング代表取締役　経営コンサルタント

大学卒業後、大手飲食企業に入社。1983年、船井総合研究所に入社。21年間の飲食業繁盛店づくりのための経営コンサルティングに携わり、2005年より飲食業の繁盛ノウハウに特化したコンサルティング活動を実践するため、（株）タカギフードコンサルティングを設立。新しい視点からの繁盛店化マーケティングを構築。その手法を応用し、繁盛店づくりに数多くの成功事例を持つ。現在、飲食業繁盛店研究会（経営者の繁盛店づくりの勉強会）、タカギレストランネットワーク（月１回の情報レポート：現在約200社）、アメリカレストラン一番化視察セミナー（毎年６月・11月）、飲食業繁盛店セミナー（年２回、毎年４月、10月開催）などを主宰し、具体的成功事例を発表している。

モットーは、「飲食業界に育ててもらっているから、飲食業界におかえしをする」

著書として『図解　はじめよう！　小さな居酒屋』、『飲食店店長！　儲けはあなたが決め手です』（ともに同文舘出版）がある。

※高木コンサル日記 Blog もぜひご覧ください！　http://blog.livedoor.jp/tfcblog/

・骨太経営グループ

（株）タカギフードコンサルティング　　（株）シズル

（株）日本アシストプラン　　（株）木下フードクリエイト

骨太経営グループは、以下の使命を共有したコンサルティング会社の集合体です。

①繁盛体質化ー利益率15％以上を実現します。

②衆知結集化ー働く個々のやりがいを高め、稼ぐ集団を実現します。

③トップブランド化ー強みを活かし、既存店の成長を実現します。

■お問い合わせ先

〒532-0011　大阪市淀川区西中島　1-14-17 アルバート新大阪ビル

TEL:06-6889-3560　FAX:06-6889-3570

E-mail:info@takagifood.co.jp

URL：http://www.takagifood.co.jp

飲食店をはじめようとお考えの方、集客が伸びずにお困りの方など、

経営相談、店長教育、講演等、お気軽にお問い合わせ・ご相談ください。

新版　飲食店店長！　繁盛はあなたが決め手です

平成20年6月11日　初版発行

著　者	高木雅致
発行者	中島治久
発行所	同文舘出版株式会社 東京都千代田区神田神保町1-41　〒101-0051 電話　営業03(3294)1801　編集03(3294)1803 振替00100-8-42935

 ISBN978-4-495-56792-7

印刷／製本：壮光舎印刷　Printed in Japan 2008